なにか、いる
実話怪談

田中俊行 著・監修
木根緋郷
小泉怪奇
ウエダコウジ
富田安洋
チビル松村
ワダ

大洋図書

はじめに

暗闇の中になにか、いる。
それは幽霊でも、妖怪でも、UMAでもない。
人間のようで、人間ではない、なにか。

若い怪談師のあいだで最近よく耳にするのは、正体不明の「なにか」の目撃談である。

夜の公園で眩しく光るなにかをみた。
ありえないほど巨大な動物が歩いていた。
どこからか知らない声が聞こえた。
誰もいないはずの場所になにかの気配を感じた。

いわゆる怪談といわれるものは、まず怪奇現象があり、周辺に聞き取りをして、歴史を紐解き、曰く因縁を繋げ、自分なりの解釈を導いて、オチをつける、といったかたちがあるものだ。

だがその「なにかの話」は、ただ単にみただけ、ただ聞こえただけで、正体に迫る手がかりすらなく、オチもないまま終わる話も多い。

情報提供者からこんな話を聞きました。それだけの話もある。

見間違いや勘違いかもしれない。

血塗れの女が襲ってくるわけでもなく、呪われて悲惨な結末を迎えるわけでもない。

怖くない話もある。

ただ奇妙で、不気味で、不思議なだけの話である。

これは怪談のようで、怪談ではないという人もいるかもしれない。

実は僕もそう思っている。今風にいえば「ファスト怪談」だろうか。怪談の前、「プロト怪談」といってもいいかもしれない。だから怪談師たちはこうした話を発表する場が少なく、持て余しているようだった。

僕はそれが面白いと思った。

怪談師の胸の内だけに埋もれさせておくにはもったいない。

そんな思いから本書では監修として、信頼できる六人の怪談師に声をかけ、執筆を依頼した。一頁に収まる小品から、一万字を超える大作まで四十二篇が集まった。

いずれも活字として発表されるのは本書が初となる。

田中俊行

木根緋郷

きねひさと…怪談師。北海道生まれ岐阜県育ち。関東在住。リアルイベント、YouTubeチャンネル「怪談の根っ子」主宰。アパレル会社に勤めながら、休日は怪談を蒐集。聴き手の想像、解釈に任せる怪談を得意とする。「怪談のシーハナ聞かせてよ」（名古屋テレビ）ほかメディア出演多数。単独DVD「怪奇蒐集者　奇譚回廊」が発売中。

異《い》界《かい》境《きょう》界《かい》

十二単

都内出身のミサトは家庭がとても裕福で、地方にいくつか別荘を持っている。

高校時代の冬のある金曜日、部活から帰るといつも帰りが遅い父親が既に帰宅していた。

「週末に長野の別荘で過ごそうということになって。両親と、姉、年の離れた弟の五人で、父親の運転する車で別荘に出掛けたんです」

ミサトは車に乗り込むと、日中の疲れで車内で寝てしまった。

どのくらい時間がたったのかふと起きると、暗い車内でまだ別荘に向かう道中だった。何気なく隣に座っている弟を見ると、弟は目を見開いて窓の外を見つめている。

その目線の先を見ると、車の外に雑木林が並んでおり、林の中を赤く光るものが車と並走するように移動している。

「ネオンサインか何かなのかな」

最初はそう思ったが、目が慣れていくと木の間を移動しているものが確認できた。赤い十二単のような着物を着た女が、前ならえのように、手をだらっと前に伸ばしながら、林の中に浮かんで車と同じ速さで移動している。

髪を振り乱しながら移動している女の全身が、赤く発光しているようにも見える。

「えっ、どういうこと？」

混乱しながら弟に目をやると、さっきまでは起きていた弟はすっかり眠ってしまっており、すぐに窓の外の雑木林を見ると、その赤い着物の女は居なくなっていた。

そこでミサトは寝てしまったらしい。


次に気付いた時には別荘の駐車場だった。

別荘は中庭がある平屋建ての一軒家。祖父から継いだという日本家屋だ。

到着した頃には夜遅かったので、簡単に夜食を済ませ、すぐに寝ることになった。

家の中央にある大広間の真ん中を襖で区切り、片方は両親と弟、もう片方は姉とミサト二人で寝ることになった。

襖の奥、両親が寝ている方からは、すぐに父親のいびきが聞こえてくる。ただ、ミサトは移動の車内で眠っていたから中々眠れない。

「ミサトー、彼氏はできたの？」

「お姉ちゃんはどうなのよ」

布団にくるまりながら、恋愛のことや学校のことを、小声で話していた。

どのくらい時間がたったのか、両親が寝ている方で、ごそごそと布団から出る音がした。起きていることは悪いことではないが、とっさに二人は寝たふりをした。

「お父さんかお母さんが、トイレにでも行くのかな」

そう思ったが、スーッスーッという足音がしたと思うと大広間の窓をカラカラと開ける音がする。

「こんな寒いのにどうして窓を開けるんだろう」

そう思ったが、それからも襖の奥の誰かは布団に入ろうとはせず、スッスッ……という足音と共に大広間を出て廊下に出ていく。

程なく廊下からは、中庭に面するベランダを開ける音がする。

他の部屋のドア、窓を全て開けていっているのだ。

「トイレに行くんじゃないの？　何してるんだろう」

ミサト達は、息を殺して布団の中で静かにしているしかなかった。ドアや窓を開けていくのも理解し難いが、スッスッという足音を聞くに、畳や床を摺って歩いているのが何だか気味が悪い。

やがてミサト姉妹が寝ている側の大広間の廊下に、足音が近づいてくる。

スーッと襖が開けられた。寝たふりをしながらその先を薄目で見ると、そこに立っていたのは、父親だった。だがいつもの父親とは違っていた。

父親は手を真っ直ぐだらっと伸ばして、摺り足で近づいてくる。

「お父さん何やってるの……」

父親の異様な姿と、それまでの行動に身体を動かすことができない。そのまま父親は大広間の窓をカラカラと開け、仕切りの襖をスーッと勢いよく開けたところで、バタッとその場でへたりこむように倒れてしまった。

「ちょっと、お父さんどうしたの！」

その音で目を覚ました母親が父親を起こした。父親は寝ぼけている様子だったが、今の行動の記憶が全くないようだ。

後にも先にも父親には夢遊病の気はない。夜の運転で疲れていたんだろう。その時は笑い話として片付けたそうだが、ミサトは林に浮かんで移動していた女と関係があるように思っている。

ただ、何故家中の窓、ドアを開ける必要があったのか。

何故手を真っ直ぐ伸ばしていたのか、摺り足だったのか。

それは全くわからない。

忘れることにした

知人のＡくんは当時、有楽町で働いていた。ある金曜日の夜のことだという。

仕事が終わり同僚二人と飲みに行くことになり、六時過ぎから馴染みの居酒屋に入った。

「部長、マジで何考えてんだよ」

「あいつ仕事できねえよなあ」

仕事の愚痴に花が咲いた。ハイボールがいつも以上に、旨く感じる。

楽しく飲んでいたのだが、団体予約があるとかで、二時間程で退出を余儀なくされた。

時計を見るとまだ九時前である。

「まだ時間あるし、もう一軒行こうぜ」

「――おう、明日休みだしな」

有楽町の高いビルの間を、二軒目を探してフラフラ歩いていく。前を歩いていく同僚二人は相当酔っているようだった。

「あいつら大丈夫かよ」

よろめきながら歩く二人の後ろでＡくんはスマホを取り出し、次に入る候補の店を検索しながら、ゆっくり歩いていく。

すると視界の端で、パパパッと地面が光で細かく照らされているのに気が付いた。スポットライトのような光が、いくつも地面に当たっている。

「看板のライトか？」

何気なく上を見た。上空、隣のビルのすれすれを、周りのビルくらい巨大なモノが、ゆっくり右から左へ横断している。

「はあ？　……なんだあれ……」

それは大きな黒い、台形の形をしていて、底に円形のサーチライトが無数についており、点滅している。

そのサーチライトが地面を照らしているのだ。

Aくんは焦りながら、前を歩く同僚に、

「お、おい！　アレ見てみろよ！」

と指を差した。友人二人は、

「えっ飛行機でしょ」

「うん、飛行機、飛行機」

台形の巨大な飛行機なんて見たことがない。

それに、飛行機がこんな街中のビルのギリギリを飛ぶだろうか。

「違うだろ!!　ちゃんと見ろよ！」

必死の説得も通じず、その間に黒い飛行体は皇居の方向へ飲み込まれるように、飛んでいってしまった。

無事に二軒目の居酒屋に入ったのだが、すっかり酔いが冷めてしまった。Ａくんは釈然としなかった。

「あれは何だったんだよ」

帰宅してからＳＮＳで「有楽町　ＵＦＯ」と検索しても出てこない。そういえば、周りの人も全く気にしていなかったかのように思う。

気になったＡくんは翌日その話を同僚二人に問い詰めた。

二人ともそのことをすっかり忘れているようだ。

Ａくんも忘れることにした。

ヒトコワ

「今まで怖かったり、不思議だったりした体験ありませんか?」

知人のD君にこう尋ねると、

「幽霊も見たことはないし、怖い話もないですけど、んー。ヒトコワならありますよ」

そう答えて、聞かせてくれた話だ。


D君が大学生の頃の、夏休み明け。

久しぶりに大学の友人達五人で、カラオケに行くことになった。

年季の入ったカラオケボックスに入り、一階で受付を済ませて、二階にあるカラオケルームのドアを開けた。

煙草の残り香が五人を包み込む。

あてがわれた部屋も中々古さを感じるが、歌う分には何の問題もない。

「私から先に曲入れるね!」

席に着くなり友人のトモちゃんがリモコンを手に取り、当時流行っていた曲を入れた。

「お……楽しみだね」

男友達の一人が苦笑してそう言った。

トモちゃんは音痴で定評があった。

「珍しいなあ」

性格もおとなしい方で、音痴を気にしてるのか率先して歌うタイプでもない。

積極的にマイクを持ち、はしゃぐトモちゃんにみんなは戸惑ったが、楽しんでいるのに水を差すのもよくない。

そう思っている間に、ａｉｋｏの「カブトムシ」のイントロが流れる。

「んぉえ〜、ぢゅのるむ〜」

トモちゃんが歌い出す。

しかし、音程は微妙に合っていても、何を言っているかもわからない。

どこかの言語のようにも聞こえるし、何か呪文のような印象もあったという。最初は全員それを聞いて面白がっていた。

そして、曲の後半になると、トモちゃんは当たり前のように再びリモコンを手に取った。

「え？　トモちゃん？」

彼女はみんなを無視して、次の曲を入れた。

「ぶるうぉえ～、ぐどぅんに～」

そして、またリモコンを掴む。

「お、おい！」

「ぶるぐゅん～、ぎぶゅん～」

友人達の笑みは段々と消えていった。

「なんか……しらけるね……」

「もう五曲連続よ……？」

見かねたD君は曲を停止し、新たに曲を入れることにした。

「トモちゃん、そろそろマイク渡してねー」

と優しくマイクを奪おうとした。この無駄な時間を早く終わらせたかった。

その瞬間、D君は突き飛ばされていた。

続けざま、トモちゃんは持っているマイクで殴りかかろうとしてくる。

今の状況は全く理解ができないが、このまま何もしないでいれば、次に何が起こるかはわかる。

D君はとっさにその腕を掴んでトモちゃんをソファに向かって突き飛ばした。

トモちゃんは倒れ込みながら、

「私だってこんなことしたくないのよぉ。歌いたくないのよぉ」

そんなことを、さっきまでの調子でふにゃふにゃ呟いている。すっかり空気も悪くなってしまったこともあって、カラオケルームに入って三十分程しかたっていなかったが、五人はカラオケを出ることにした。

D君としても女の子に手をあげてしまったことに、いたたまれなくなった。

「ここに居なきゃいけないのよぉ」

唸るようにそう呟く、トモちゃんを四人で部屋から引きずり出すのにも、相当苦労した。

どうにか一階の受付に降りて、「仕方ないけど割り勘なー」D君の仕切りで、全員納得のいかない会計をすることになった。

一人分足りない。

トモちゃんがいなくなっていた。

「あれ、トモちゃんは？」

見回すと、カウンターから少し離れた階段の中程にトモちゃんはいた。

ゆっくり階段を上っているのだが、身体はこちらを向いている。

後ろ歩きで階段を上っているのだ。

表情を一切失ったまま。傀儡のように。階段を一段一段上っていく。

駆け寄り、その中の一人がトモちゃんの両親に連絡をした。

程なく、トモちゃんの母親が迎えに来たことで、帰らせることができた。


「それからトモちゃん、学校には来てもすぐに早退。休みがちになって、暫くして退学してしまったんです。噂では統合失調症で精神病院に入院してしまったとかで。突き飛ばされた時、女の子の力とは思えなかったんですよね」

そこまで静かに聞いていた私は思うことがあり、手元にあったスマホでＹｏｕＴｕｂｅにある言葉を打ち込み、検索結果の一つをＤくんに聴かせた。

「なんですかこれ⁉」

Ｄ君は涙を浮かべた目を見開いてそう言った。


この本の監修である田中俊行氏の怪談で『あべこべ』という話がある。

その中の一節で、日本の風習では「逆さ事」というものがあるという。

服を反対に着る。

拍手を手の甲で行う。

歩くのも、後ろ歩きでする。

そして話す言葉も。

私がＹｏｕＴｕｂｅで検索したものは、

「ａｉｋｏ　カブトムシ　逆再生」

そう打ち込んだのだ。トモちゃんが歌っていたものは、逆再生の歌詞だったのではないか。

私にはこの話、ヒトコワには思えない。

これを私に語ってくれたあの日から、きっとＤ君も同じだろう。

天井のシミ

都内で営業の仕事をしているKくんは、仕事柄出張が多い。その日は早朝から九州へ向かった。昼間は打ち合わせや慣れない現場仕事で疲れていたが、夕方過ぎには仕事が終わった。トランクを引きながらホテルでチェックインを済ませると、すぐにホテルの部屋を出た。

「よっしゃ、ボーナスも出たしどこに行こうか」

ろくな手当てもつかない出張の楽しみは、夜の街で飲み歩くことだった。懐が暖かかったということもあり、一軒のキャバクラに入ったという。

外装とは印象が違い、中はレトロな雰囲気があったが、テーブルについてくれた女の子はKくんのタイプであった。

「今日はついてるなー」

と内心思いながらウィスキーを頼んで、チビチビとゆっくり飲んでいた。

どんな話の流れだったのか、

「なんか怖かった話とか不思議な体験とかある?」

女の子にそう聞くと、

「怖い話かー、うーん、私、霊感もないし。あっでも天井のあそこわかります？」

おもむろに天井を指差した。

赤いヴェルヴェットが張られた天井にいくつかシミがある。よく見ると、見ようによっては顔に見えなくもない。

Kくんはバカにするように、

「はあ？　あれが何？」

そう言うと、女の子は端から順番に指差してこう言った。

「あれが初代のママで、あれが二代目で、あれが三代目のママ。みんな死んじゃったんだけど。それとあそこに小さなシミがあるでしょ」

三つのシミと比べると、半分程のシミに指を差す。

「あれが完全に顔になったら、今のママ死んじゃうんだよ」

恐る恐る横目で周りを窺うと、ママが気付いているのか悲しそうな目でこちらを見ている。

Kくんは気まずくなってしまって、話題を変えたが話ははずまない。そこで女の子が言った。

「いい人そうだし。ここだけの話、私もう少ししたら辞めて、今の彼氏と同棲しようと思ってて。

今のママが死んだらいるかもしれないけど」

笑いながら話す女の子を前にして、一気にウィスキーを飲み干して店を出た。

翌日、出張先の社長にそれとなくそのお店のことを聞いてみると、

「あそこの建物は自殺や事故なんかは聞いたことないけど、何をやっても長続きはしない。でも今のお店は結構続いているみたいだな」

そう言われた。

解説

死者の世界

『ヒトコワ』で触れられている「逆さ事」について。

日本に古くから伝わる風習で、生きている人と死んでいる人と区別するために、全部を逆にする、裏返すという考え方がある。葬儀の際に死装束を左前に着せるのは一般的だろう。逆にすることで、死者の世界を体現する。あなたは生者じゃないんですよ、もう死んでるんだからこっちに帰ってきてはダメですよ、というように。

カラオケを逆さに歌い、階段を逆さに上った『ヒトコワ』のトモちゃんは、死者の世界に踏み込んでしまったのか。

それとも、彼女だけに見えていたなにかに対して、「あなたはもう死んでいますよ」と伝えようとしていたのだろうか。

逆さ事には呪いの意味を込めることもある。手の甲を合わせて拍手する裏拍手は、「おめでとう」の逆だ。

トモちゃんはその場にいた誰かに呪いをかけようとしていた――？

そんなふうに読むこともできる。

田中俊行

田中俊行

たなかとしゆき…オカルトコレクター・呪物蒐集家。一九七八年兵庫県神戸市生まれ。幼い頃から母の影響で稲川淳二ファンになり怪談を集める。二〇二一年三月に神戸を離れ東京深川に居を移し、三万円のアパートに百点以上の呪物と共に暮らし怪談を語る。

禍《わざわい》

みどり人間

三十代後半の男性Mさんから聞いた話。

当時、小学校四年生だったMさんの兄とその友人がおかしなものをみた。

Mさん家族は、東京の田端に住んでいた。父と母、Mさんと兄の四人家族。ごく普通の家庭だったそうだ。

Mさんと兄が通う小学校で、学校のそばのお寺に幽霊が出るという噂が広まった。休み時間ともなると、幽霊の話で持ち切り。だが、実際にみたという同級生がいるわけではなかった。

兄は、クラスで最初に幽霊をみたかった。子供の頃は、危ないことをすればするほどヒーローになれる。規則を破るのがカッコいいと思っていた。

兄と友人は、ある日、夜に家を抜け出してそのお寺に行ってみることにした。もちろん、両親には内緒で、こっそり家から抜け出した。

このときのことはMさんも覚えていて、「夜中ではなく夕飯が済んだ後。二十一時くらいだった」といっていた。

お寺は小学校の隣にあった。噂では出る場所も決まっていた。お寺と隣接する小学校の間に石垣があり、どうもその辺りに幽霊らしきものが出るという話だった。

闇の中、兄と友人が石垣の前で待機していると、すぐになにかが出てきた。それは、二人が想像していたものとは全く違ったという。二人は白い着物を着て、頭に三角の布がある幽霊を想像していたが、実際にみたものは全然違う、なんともおかしなものだった。

シルエットこそ人間だけれども、顔には目も鼻も口もない。みどり色に発光するなにかだった。人間っぽいと判断できたのは、かたちが殺人現場の死体の位置を表す白いテープみたいだったからだと、Mさんの兄はいっていた。

みどり人間は、小学校側からお寺のほうへ動いたが、動きだすと厚みがまったくないことが分かった。石垣にぴったりくっついて移動している姿は、ちょうど、スクリーンに映し出された二次元の映像のようで、気持ち悪かったそうだ。

兄と友人は、なんとなく地面に落ちていた石をそのみどり人間に投げつけた。すると、石は「ずぶっ」と体にめり込む。穴が開くと、そこからは、みどり色の液体が「だらぁ」っと流れ出てくる。気持ち悪くて、気持ち悪くて、だんだんイライラしてきたそうだ。

次から次に石を拾って、ばんばんみどり人間に投げつけた。その度に、石は体にめり込み、みどり色の血液のような体液を流し続けた。それでも、みどり人間は止まることなく、石垣に張り付いて移動していたそうだ。

何分か石を投げ続けていたら、みどり人間がぴたっと止まった。そうしたら、二人の頭の中に「キーンッ」という金属音が鳴り響いた。実際に音がしたかどうかは分からないけれど、頭に「キーンッ」という音が響いてきて、ひどい頭痛と吐き気に見舞われた。

あまりの頭痛と吐き気で、その場に蹲《うずくま》ってしまった。何分続いたか分からないが、頭痛が治まってきて、ようやく二人はその場から逃げだした。現場を離れて帰ることにしたが、吐き気は家に帰ってからもしばらく残っていたという。

結局、兄はこの話を、Mさんと友人数名にしか話さなかったそうだ。幽霊とはいえないみどり人間なんて、あまりにも荒唐無稽で信じてもらえないと思ったからだといっていた。それに、髪の毛もなくて、男か女か分からないなにかは気持ち悪くて、思い出したくもなかった。

こういった不思議な生き物は、決まってみどり色だ。死斑がみどり色だったり、毒物や有害物質がみどり色だったりすることから、国によって、みどりは「死の色」といわれているそうだ。

みどり人間は一体なんだったのか。噂になっていた幽霊とはみどり人間のことだったのか。

真相は分からないままだ。

フェレット

十年ほど前の夏休み、特にやることがなかったAさん（三十代男性）は、おじいさんのお墓参りに行くことにした。

まとまった休みだけれど、彼女がいるわけでもないし、ものすごく親しい友達がいるわけでもなく、暇を持て余していた。時間と体力がもったいないないと感じていた。

Aさんはロードバイクを趣味にしていたから、思い切って茨城県にあるおじいさんのお墓までロードバイクで行くことにした。東京都の葛西に住んでいたから、けっこうな距離だ。それでも、家でジッとしているくらいならと、Aさんは一人で出発した。

夕方過ぎに家を出て、それほど経っていない。千葉県市川市の住宅街に差し掛かったときのこと。とても長い上り坂で、ロードバイクを降りて、押しながら登っていた。すでに疲れたなぁと後悔し始め、項垂《うなだ》れながら歩みを進めていると、坂のちょうど真ん中くらいのところで、右からなにか白いものが出てきた。

辺りは暗くなり始めていて、ロードバイクのライトにぼんやりと照らされたその白いものは、生き物だと分かった。白いフェレットだ。近所のペットが逃げ出したのかなぁと、みるともなくそのフェレットをみていると、どうもおかしい。

右からやけにゆっくりと歩いてきて、自分のロードバイクの前を悠々と横切るそのフェレットは、いつまで経っても終わりがない。前脚と後ろ脚が離れすぎている。胴が異常なまでに長いのだ。驚くAさんの前を我関せずと横切り続けるフェレットの胴は、二メートルはあったということだ。胴が長い以外は、頭も足も普通のフェレットにみえたとAさんはいっていた。

フェレットが坂を横切り、左の住宅街に消える頃、Aさんはこのフェレットをみるのが二度目だということに気がついた。

数ヶ月前、葛西の家の近所の道路。その中央分離帯で、白く長いフェレットをみていたことを思い出した。そのときは、大きいフェレットだなぁくらいにしか感じなかったそうだが、動くときやけに上下に揺れていたことが記憶にある。それは、ちょうど、龍が体をくねらせて空を駆けるあの動きに似ていた。

びっくりはしたが、叫び声をあげるほどでもなく、Aさんはフェレットを見送り坂を上りきった。顔の雰囲気から、葛西でみたフェレットと、市川でみたフェレットは、別の個体に思えたということだ。

その後、三日かけて、茨城のおじいさんのお墓に辿り着き、無事にお墓参りを済ませたAさんは、今でも葛西に住んでいる。

白いフェレットはあの夏以来、二度とみていないそうだ。

龍

十五年くらい前。僕は、神戸の輸出会社で働いていた。北京オリンピックの頃のことだから、二〇〇八年だ。

買い取った中古の重機やエアコンを中国に売るという仕事をしている会社だった。本来なら捨てるのにお金を払わなといけないものを買い取るなんてこと、当時はあんまりなかった。いらないものがお金になるというので、すごく流行っていて在庫が常時倉庫に溢れていた。

その在庫を、中国の人に売る。中古品として転売する目的のほかに、銅かなんかを取り出してお金にする。そんなことをしてるんだと聞いていた。買うのも売るのもものすごく需要があって、会社はとにかく儲かっていた。

社長は四十歳前くらいで、陽気な人。熊本弁でよくしゃべってよく笑う豪快な人だった。僕ら従業員の面倒もよくみてくれて、みんなに慕われていたと思う。仕事が終わると飲みに連れて行ってくれることも多くて、僕は好きだった。いつも上機嫌でかっこいいおっちゃんって感じだった。

毎朝十時に住吉にある会社に出勤するのだが、その日は、社長の機嫌が異常によかった。にっこにこして「縁起がいい。縁起がいい」と繰り返す。機嫌がいいというか、もう興奮状態だ。どうしたのか聞いてみたら「朝、龍をみた」と。それで、写メに撮ったからみてみろといって携帯をみせてきた。

ハイテンションの社長に渡された携帯をみてみたが、写メには空が写っているだけ。龍なんてどこにも写ってない。青い空と雲だけの写メをみせてきて、社長だけが「ここに龍がこんなにはっきり写ってる」というのだ。ドラゴンではなく、昔話の龍のかたち、と社長はいっていた。あんまりにも楽しそうだから、僕も会社にいた同僚もなにもいえなかった。

「ここにおるがな。おるがな」と、とり憑かれたように繰り返す社長はただ、不気味だった。

その写メを拡大してプリントアウトしてきてくれという。仕方ないから、僕がコンビニに行ってA3にプリントした。それを四枚つなぎ合わせてA0の大きさにして、会社の壁に貼ると、壁一面が埋まった。社長は嬉しそうに「縁起がいいから飾っておかないと」といっていた。

次の日もまったく同じテンションで「龍をみた」そういって写メをみせてきた。今度は別のアングルだったが、やっぱりなにも写ってない。それもでかい、でかいプリントにしてまた壁に貼った。

三日目「龍をみた」といって写メをみせてきたときは、驚きを通り越して呆れた。「縁起がいい。縁起がよすぎる。これで会社も安泰や」そういってまた、プリントを壁に貼っていた。


ちょうど、龍を三回みた頃、ほかの会社が、うちの会社と同じようなことをし始めた。あっという間にたくさんの会社ができて、どんどん仕事をとられていった。一円でも高く買ってくれるほう、一円でも安く買えるほうと、中古品を売る人たちも、買い取ってくれる中国の人たちも、遠慮なく他の会社に乗り換えていった。そこからは、早かった。半年待たずに会社は潰れた。

僕と同僚たちの間では「龍をみてからおかしくなった」といい合っていた。嘘をつくような人じゃないから、社長は、龍をみたんだろう。でも、それが本当に龍で、本当に縁起がいいものだったのかは分からない。龍をみたことで、社長は、明らかに不幸になっていったのだから。

会社が潰れただけじゃない。仲のよかった奥さんに突然包丁で切りつけられたといって、手に包帯を巻いてきたこともあった。交通事故に遭って骨折もしていた。その半年の間に人相もがらりと変わって、あんなに陽気だった人が、やつれにやつれていた。

当然、僕たち従業員の給料は払われなくなった。仕方なしに、仲のよかった同僚と二人で大量に残っていたエアコンを持ち出して、トラックに積めるだけ積み、話をつけていた中国人に港で売ってお金に換えようとした。そのことが社長にバレて、港に着くまでの道でカーチェイスしたことがある。夜の西宮で、ものすごいスリルだった。

カーチェイス以来、社長とは連絡もとっていないから、会社が潰れたところまでしか知らない。

得体の知れないなにかをみても、大体は「みた」ってだけで、その後、障りがあったり、呪われたりって話は聞かない。害があることはほとんどない。

社長にだけみえていたものは一体なんだったのか。それがなんであれ、それをみてから、おかしくなった。それだけは確かだ。

それは、不幸を招く「なにか」だったのだろうか。

一反木綿

ヌガザカさんは名古屋在住のコレクター仲間だ。呪物ではなく拷問器具を集めている。ヤバい拷問器具を多数所有していて、怖い人だなと思うのだが、僕もそう思われているみたいだ。シンパシーを感じ、仲良くさせてもらっている。

彼の妹さんがおかしなものをみたことがあると、こんな話を聞かせてくれた。

――妹は、子供の頃、よく変わったものをみていたんです。変わったものといっても、白い影とか、女の顔とか、見間違えに近い程度のものです。だから、いつも僕はちょっとバカにして笑っていました。妹も、問い詰めると自信なさげになっていましたしね。それが、一つだけ「絶対みた」といって譲らない話があるんです。

妹が小学生のときのことです。通学路にあるお墓の道を歩いていて何気なくふっと空をみると、物凄く鮮やかな、黄色の、十メートルくらいある布が踊るようにゆらゆらと浮かんでいました。そのとき辺りには風もなかったのに、不自然に浮いていたといいます。本当に目の覚めるような黄色だったそうです。

その布は、そのままふわふわと空に消えた。パッと消えたのではなく、どこかに飛んで行くような進み方で、いつの間にかみえなくなったそうです。

妹は「やばいもんみちまった」と思ったらしく、焦って家に帰ってきて、すぐに僕にその話を報告してきたんです。僕は、当時から怖い話が大好きだったので、悔しかったですね。そんなものみたことは一度もないですもん。妹の動揺具合から子供ながら「これはマジだ」と思いました。

僕、相当悔しかったんでしょうね。妹がしてきた他の報告のことはまったく覚えていないんですけど、今でも、この話だけは頭に残っています。


妹さんがみた、空に浮かぶ布のようなものは一体なんだったのか。

謎の布の話としては、東日本大震災のとき目撃されたものが有名だ。二〇一一年三月一一日、東日本大震災が発生。そのとき、津波の映像に空に漂う真っ黒い布が映り込んでいた。異様な黒さと場違いな布に、ネットでは「一反木綿なのでは」と話題になった。

他にも妖怪・一反木綿の目撃談は数多くある。『ゲゲゲの鬼太郎』に出てくる一反木綿は、主役の鬼太郎を助けたり、乗り物のように扱われたりもする人気のキャラクターだ。方言で話し、フレンドリーな姿で描かれている一反木綿だが、それはあくまでもアニメの中での話。文献を調べるとアニメとは打って変わって結構恐い妖怪で、布のような体で人に巻きつき窒息死させたり、誘拐したりするということが分かった。決して軽視できる飛行物体ではないのだ。

ヌガザカさんは三重県の東紀州の歴史を調べ保存活動も行っている。記録を調べていく中で、特に気になった話があると教えてくれた。

一九四五年七月二八日に尾鷲湾を基地としていた海軍熊野灘部隊が米英連合軍の空襲にあった。そのときにアメリカの戦闘機が二機撃墜されている。撃墜された機体の残骸から当時の人たちは生活の為に使える物を売っていたそうだ。ヌガザカさんは保存活動の中で、当時の人にその話を聞く機会があったといいう。

あるおじいさんから聞いた話。

「いやヌガザカ君、私は当時子供だったんだけどね、パイロットのシート部分の椅子をひっぺ返すと真っ黄色のパラシュートが出てきたんだよ！」

「はあ」

「いやパラシュート知ってる？　シルクなんだよ！　いい材質なんだよ！　すごい着心地が良くて

ね、切ってね褌《ふんどし》にしてたんだよ！　ガハハハハハハ！」

「たくましいですね」

その会話の中でヌガザカさんはハッとしたという。

「黄色……長い布……褌……あれ⁉」

妹さんが小学生のときにみた、黄色い布の話と繋がった。あれは、米軍のパラシュートじゃないのか？と。もちろん真相は分からない。


一反木綿の正体は、褌という説がある。一反木綿を検索すると、「一反（面積をあらわす農業用語の単位。具体的な面積は約九九一・七平方メートル）木綿の布。汚い褌の付喪神」と出てくる。

ヌガザカさんは、妹さんが目撃した謎の布は、一反木綿の類。それも、日米のハイブリッド妖怪なのではないかと踏んでいるそうだ。

僕は、妹さんがみたのは、その当時ぞんざいに扱われた褌（元はパラシュート）、恨みを持った褌が転じた一反木綿だと思う。あるいは、丁寧に扱われ戦後を生き抜いた褌妖怪かも知れない。

いつか遭遇したいと思い、今日も空をみている。

なめくじ

Nさんの親戚の寺はかなりの古刹で、神仏習合の名残か裏手奥には更に古い神社があり、そこの管理も担っている。

Nさんが小学生の頃のこと。親戚の家に泊まっていて、朝起きると奥の神社の掃除に行くからと半ば強引に連れ出された。

神社に向かう参道は山の中へ入る為、両側古い苔むした森だ。

早朝で、まだ眠く、参道を不貞腐《ふてくさ》れて歩いていると森の奥になにかがみえた。

白っぽいそれは、よくみると二メートルはあろうかという巨大なナメクジだった。

ヌメヌメとした体は、しっとり艶めいていて、気持ち悪かった。心臓が痛くなる。

それが更に大きなキノコの上に覆い被さり、そのキノコを食べている。そのときは、みてはいけない物をみた気がして誰にもいえなかった。

掃除を終えて帰るときにはもうナメクジもキノコも消えていた。

天井からなにかが降ってくる

ごく最近も、おかしな話を聞いたばかりだ。

関東出身のMさんは、僕と同じくらいの年齢にみえたから四十代だと思う。

――二十代前半の頃の話です。通学のために実家を出て、埼玉県の某所で初めて一人暮らしをしました。解放感で嬉しかったですね。毎日友達を呼んだり、女の子を呼んだりして、騒いでいましたよ。結構な築年数の経ったアパートだったんですけど、僕にとっては初めての自分だけの城。とても落ち着けるいい家でした。

一人暮らしにも慣れてきて、自分の中でお祭り騒ぎのような感覚がなくなった頃です。そうだな、住んで半年以上は経っていたと思います。

エアコンをゆるくかけていたので、夏でした。僕が住んでいたのは、台所とユニットバスのついたワンルームの部屋です。そこにスチール製の組み立て式のベッドを置いて寝ていました。

ぐっすり眠っていたのですが、なにかの気配というか、圧を感じて目が覚めたんです。そのとき時計をみると、零時過ぎくらいでした。身体の右側を下に九の字に曲げて、ちょうど胎児のような格好で寝ていましたね。癖なんです。

僕の真上。天井からなにかが降ってくる感じがするんです。

天井全体からではなく、僕が見上げたちょうど真上からだけ変な気配がする。

「え。なんだろう」

と思っていると本当になにかが降ってきたんです。実体はまるでみえません。透明というか気配だけが天井から降ってきました。「ガシャーンッ」というすごい音がしてスチールベッドがギシギシシギシッと音を立てたことを覚えています。

降ってきたなにかは、僕の背中にぴったりと隙間なく身体を密着させてきました。曲げていた膝の裏側にそのなにかの膝頭がパズルのようにはまり込んできて、ものすごく気持ち悪い。金縛りというわけではなかったのですが、恐怖のあまりパニックになって身体がまったく動かなかったです。心では起き上がって逃げないとと思うんですけど、硬直してまったく動けなかった。

そのなにかは僕よりも高い熱を帯びていてとても熱い。「ふぅー。ふぅー」という息遣いというか鼻息のようなものも聞こえました。これは、人間のものではありません。どちらかというと大きな獣が立てている音に感じましたね。なにより、僕の膝の裏からは、密集した毛の感覚を感じたので、絶対に人間とか幽霊の類ではないと思っています。

血の気が引くという感覚はこのときが最初で最後です。眠ってしまったのか、気絶してしまったのか、記憶はそこで途切れています。

気がついたときには、午前七時でした。そのときも時計をみました。すぐになにかがいたであろう僕の背中側、左側を触ったりみたりしたんですけど、特段なにもない。夢だったのかなぁと思ったんですが、スチール製のベッドのフレームが歪んでいるんです。それに、ネジもところどころ緩んで飛び出していました。そんな風になっていたら、眠る前に軋んで分かりますからね。やっぱり重たくて大きななにかが降ってきたんだと思います。

不思議な体験はそれ以降ありません。あれって、なんだったんですかね。あれの熱や息遣いを思い出すと、今でもぞっとします。

以上がMさんの体験である。土地にいわれがあるとか、事故物件だったなどの話はなかったそうだ。

後日、追加取材したところ「思い返してみたら、そのなにかが降ってくる前に同じ家で、窓ガラスに女が映ったことがある」といっていた。

部屋は二階にあり、女は外から部屋を覗いていたという。

河童

河童をみたという話は実はよく聞く。信憑性の高い体験談や、物証も残っている。ひょっとすると、河童は実在するのかも知れない。

いや、実在どころか、河童の存在が普通に認知されている地域も日本にはあるようだ。

――文京区にある編集プロダクションに勤めています。仕事は忙しいですが、若い頃からやりたかった出版の仕事なので苦にはなりません。なにより、居心地のいい会社なんです。社長を含めて七人の会社ですが、同僚との距離感がいい。ベタベタと仲良くするわけでもなく、冷めてもいない。話しやすい人ばかりで、出社するのが楽なんです。

みんな、それぞれの仕事があるから、集まってなにかすることもあまりなくてね。七人全員集まるのが、週一回の月曜日の会議のときくらいです。そのときは、仕事の話もするんですけど、雑談もみんなでするんです。和気あいあいって感じでね。

ある雑誌の企画で、ゴールデンウィークに遊びに行くスポットを選出していました。水族館だ、フルーツ狩りだ、遊園地だと、それぞれがおすすめの場所を提案していました。そのとき、動物園の話になったんです。

僕、一九九九年のよこはま動物園ズーラシアのオープン前に、見学に行ってるんですよ。当時、学生の頃の友人が勤めてましてね。

「今回は、すごい目玉動物がいるから、オープンする前にお前にみせてやる」

っていわれて、行ったんですよね。そのときのことを思い出して、みんなに雑談としてその話をしました。

友人がいう目玉動物とは「オカピ」でした。当時は日本のどこの動物園にもいないということで、とても珍しかった。連れられて、オカピをみたんですけど、まぁ地味。シマウマみたいな縞があって、顔はアリクイみたいな感じ。鹿くらいの大きさだったかなぁ。可愛いなぁ。初めてみたなぁとは思えたんですけど、インパクトがなかったですねぇ。

「ちょっと、これじゃあ、地味すぎだよ。やっぱり河童くらい連れてこないとダメなんじゃない」

なんていって、友人と笑ったんですよ。

この話を、会議のときになんとはなしにしたんです。みんな普通に笑ったり頷いたりしている中、四十代の女性社員・Yさんが「河童ねぇ」と呟いたんです。

「河童ねぇ。河童はいっぱいいるけど、捕まえるのが大変なのよね。難しいんじゃないかなぁ」

っていうんですよ。「またまた、冗談いってぇ」と突っ込むと、Yさんは、

「え、河童はいるわよ。河童もいるし、狸もいるわよ」

ときょとんしてるんです。

Yさんは熊本県のかなり田舎の出身なんですけど、自分の地元では、河童より狸のほうが珍しいなんていうんです。河童は毎日、たくさんみたけど、狸は警戒心が強いし、夜行性だからあんまりみかけなかったって。

Yさんの家のそばの川には、廃線になった鉄橋があるそうです。鉄橋の根元、川に埋まっているところに砂が溜まってちょっとした中洲みたいになってる。そこに、夕方になると毎日、河童が川から上がってくるっていうんです。それも、一匹や二匹じゃなく、何匹も上がってくるって。

いやいや。びっくりしました。Yさんは「河童はいるわよ」って、河童の存在を当然だと思ってるんですよね。実際にみたのか聞くと、何度もあるといっていました。河童が上がってくるのが夕方からだから、日が落ちてみえづらくはあるけど、普通に何度もみてるって。

子供くらいの大きさで、頭が異常に大きい。で、皿も甲羅もないっていうんです。ぬめーっとした感じの生き物が何匹も群れてるって。

想像したらめちゃくちゃ気持ち悪いんですよ。そんな気持ち悪いなら河童、一生みなくてもいいやって思いました。

Yさんが子供の頃、今から三十年くらい前の熊本県のその地域には、確かに河童の存在は認知されていたそうですよ。珍しくも面白くもないから、みんなあまり話もしないし、みに行きもしないそうです。

六十代男性、Kさんから聞いた話である。

自分たちの常識が常識だと思ったらダメなのだろう。このような「その地域では存在が普通に認知されていた」という話は、河童のほかに、座敷童でもよく聞く。

まだまだ知らない土地はたくさんある。知らない「なにか」がいても不思議なことではないのだ。

熊本県、取材に行くつもりだ。

アメリカの悪魔

得体の知れないものは、日本だけにいるわけではない。知り合いのAさんがアメリカに留学していたときに、都市伝説のようなかたちで、友人間で出回っていたという話を教えてくれた。

——マイクは活発で明るい男の子です。ごく普通の家庭に生まれ、両親の愛を受けて育っていました。しかし、マイクは一つだけ他の子とは違っていたのです。

物心がついて、プリスクール（日本の幼稚園）に通い始めた三歳の頃からです。右耳の後ろから、自分ではない何者かの声がするのです。

声は必ず、選択しなければならないときに聞こえてきました。

プリスクールで友達の男の子と車のオモチャの取り合いになったときのことです。

「あげちまえよ」「そうしろよ」

マイクは、男のものと思われる声を聞きました。

咄嗟に手を離してしまい、車のオモチャは友達の手に渡りました。十分ほど経ち、車のオモチャのことは忘れ、マイクは別の友達と紙に絵を描いて遊んでいました。

「ギャーッ」

という大きな叫び声が聞こえ、先生たちがバタバタと一つのところに駆け寄ります。その先には、先ほど、車のオモチャを譲った友達がいました。

友達の右手からは、真っ赤な血がどくどくと流れ出しています。あっという間に、足元に血だまりができていきます。車はブリキ製の古いもので、裂けた角があったのです。友達はそこに手を引っ掛けて切ってしまったのです。それもかなり深かったようで、マイクは友達の顔がみるみる青ざめていくのを目の当たりにしました。

「ああ。あの声の通りにしてよかった」

マイクは胸を撫で下ろしたのです。


ハイスクールに通うようになったマイクは恋をします。素敵な女の子でケリーといいました。誰とでも仲良くできる優しい子で、学校の人気者。

マイクの親友のスティーブも、ケリーに想いを寄せていました。スティーブのことも大切だけれど、恋を諦めたくない。マイクはそう思っていて、ある日、ケリーに告白する決意をするのです。

「あげちまえよ」「そうしろよ」

また、右耳の後ろから男の声がします。これまでも、重要な選択の場面になると、必ず右耳の後ろから声がしていました。そして、その声に従うと、それが正解なのです。

この頃には、マイクはすっかり声の忠実な僕《しもべ》になっていました。なんでも声のいう通りです。今回も、苦渋の決断でケリーをスティーブに譲りました。

スティーブの告白を受け入れ、二人は付き合うようになります。が、仲睦まじく一緒に学校に通ってきたのはほんの二ヶ月のことでした。

学校の男子生徒が、スティーブが廊下を通ったり、カフェテラスで食事をとっていたりすると、指を差してくすくすと笑いながらなにかを話しているのです。頭にきたスティーブが詰め寄ると「あんな女とよく付き合うな」とバカにしたように笑われました。詳しく聞いてみると、ケリーは十三歳の頃から、とんでもない尻軽として有名だったというのです。

スティーブを笑っていた男子生徒たちは、みな、ケリーと肉体関係がありました。自分たちのオモチャと本気で付き合っているスティーブが面白くてたまらなかったのです。「あんな女と。バカみたい」。そう嘲笑していました。

「僕じゃなくてよかった」

マイクは胸を撫で下ろします。

月日は流れ、大学生になったマイクも、もうすぐ卒業です。就職先も決まり、明るい未来を待つばかり。毎日うきうきと楽しい日々を過ごしていました。

ある夏休みのことです。親戚の叔父さんが、野球のチケットが一枚余っているから一緒に行かないかと誘ってきました。なかなか手に入らない人気の試合なうえに、自分ではとても買うことができない高級な席でした。

マイクは絶対に行きたいと強く思います。でも、マイクの兄も同じようにどうしてもそのチケットが欲しいというではありませんか。

「あげちまえよ」「そうしろよ」

右耳の後ろから声がしました。マイクはチケットを兄に譲りました。叔父と試合に行った兄は、帰路、車の事故に遭い左脚切断の大怪我を負ってしまうのです。

「こうなると思った」

マイクは声を自分の守護神だと思い始めていました。声に従うと難を逃れることができる。声は僕を護ってくれるんだと。

社会人になり、自立し生活しているマイク。なんの不自由もなく、最近では右耳の後ろの声を聞く機会もめっきりなくなりました。あれは、不安定な子供の心がつくった幻聴だったんだろうな。マイク自身そう思い始めていました。

ある日、マイクは仕事で大きなミスを犯してしまいます。それも、莫大な損失を会社に与えてしまった。

「お前なんか死んじまえ！　死んで償え！」

大激怒の上司は、口から泡を飛ばしてマイクにいいました。

「そうしろよ」

右耳の後ろから声がしました。マイクは、

「ああ。そうだな。そうしよう。こんな命、あげちまおう」

そう思って、その足で会社の屋上に向かいます。なぜだか心は軽く、はやく飛び降りたくて仕方ない。嬉々として、手すりを乗り越えようとしたその瞬間、頭に雷が落ちたように「バチーンッ」と衝撃がありました。目の前には火花が散っています。

我に返ったマイクは、手すりから身を起こしました。危なかった。もう少しで死ぬところだった。

「チッ」

右耳の後ろから舌打ちが聞こえ、大きな黒い翼のなにかがマイクの右肩から飛び立ったのです。バサバサバサッという羽ばたきの音も聞こえました。その姿は巨大で真っ黒なカラスのようにみえました。大きさはゆうに二メートルは超えていましたが、それがなんなのか、マイクには分かりませんでした。

以来、マイクは、右耳の後ろからの声を聞いていません。


アメリカではこれが、悪魔のやり方だといわれているそうだ。生まれ落ちたその瞬間からとり憑いて、魂を狙う。長い間かけて自分を信じ込ませるらしい。

似たような話は、たくさんある。アメリカでは、悪魔は実在すると信じられているし、その姿をみた人たちも多いそうだ。マイクがみた真っ黒な翼を持った巨大ななにかの目撃談は後を絶たないと聞く。

悪魔に魅入られたら最期。絶対に出逢いたくないものの一つである。

人形と貘

この話は、あまりしたくない。実際に僕は死にかけたから。あのときの苦しさを思い出すと、いまでも身震いしてしまう。

文字なので障りはないと思うが、保証はできない。感じやすいタイプの方は注意してほしい。

大分県のファンの方が百五十年前からある蔵を解体したときに出てきたといって、ある人形を送ってきてくれた。

蔵の解体を依頼した業者から「蔵におかしなものがあるからみて欲しい」と電話が掛かってきたそうだ。不思議に思い妹さんと一緒にみに行くと、蔵の中央の梁から、竹籠を丸くカプセル状に合わせたものがロープで結ばれ垂れ下がっていた。そして、中には、人の毛でぐるぐる巻きにされた和人形が逆さに吊るされていたという。

人形のかたちもおかしなものだった。着物を着た女性なのだが、正座をして両手を前に差し出している。僕も初めて人形をみたとき、なんだか気味の悪い格好をしているなと思った。

その頃は、呪物を集めているということをイベントや映像で公言し始めた頃だったと思う。呪われたものが一つ手元に増えたことが、とても嬉しくて、わくわくしていた。

それから、大阪、京都、北海道、高知、大阪とイベントが続いたので、ずっと持ち歩いていた。そうしたら、みるみるうちに体調が悪くなっていく。ついには肺炎になって倒れてしまった。息苦しくて病院に行ったときにはパルスオキシメーターの数値が九十を切っていたので、即入院になった。

その入院の際に、怖ろしい夢をみた。

夜中、山の麓に僕は一人で立っていた。月明かりか山際がよくみえる。頂上目掛けて、視線だけがズームアップしていく。その過程で鳥居がみえる。鳥居の前には、女性が一人立っている。近づいてみると、まさにその人形だったのだ。しかも、めちゃくちゃに怒っている顔をしている。

瞬間、自分の叫び声で目が覚めた。

翌日から、高熱が続き、意識も朦朧とした状態がしばらく続いた。僕自身は感じやすいタイプではないので、おかしな体験は少ないのだが、その中でも、一番の怖ろしい体験といえる。

後日、人形が「なんであるのか」をファンの方が追加情報として教えてくれた。家の解体のときに、お母さんの日記がみつかり、そこに詳しいことが書かれていたそうだ。

人形は曽祖父が満州から持ち帰ったもので、どうも恋愛関係にあった現地の女性から渡されたものらしい。以来、曽祖父は、連日悪夢にうなされるようになり、まったく眠れなくなってしまった。そこで、夢を食べるといわれている妖獣「獏《ばく》」を信仰し始めた。

すると、悪夢はぴたりとおさまった。

胸を撫で下ろしたのも束の間、今度はその獏が夢に出てきて、「封じよ。世に出すな。終封の際は、男児にのって神処に連帰せよ」と繰り返しいってくるようになってしまったという。「封じよ」とはその人形のことだ。人形は獏に従い、封印されたものだったのだ。

僕は封印が解かれた呪いの人形を持ち歩いていたというわけだ。

蔵が解体され、更地になったとき、土の中から、三蔵法師と思しき仏像が出てきたということも聞いた。僕は、蔵自体に「呪《まじな》い」が込められていた可能性が高いと思っている。

ファンの方は祖母から「蔵には鬼人がいるから近づくな」と厳しくいわれて育ったともいっていた。

実は、最近、さらにこの話の続きを知らされた。

家や蔵が完全に潰される前に、ファンの方の妹さんが、解体現場を見学に行った。そのときに、蔵の二階の小窓から金色の斑点のある黒い煙のようなものが、風に乗るように出て行ったのをみたそうだ。煙は蔵の屋根のほうに伸びていき、消えてなくなった。

妹さんは長年家のものを所蔵してくれていた蔵を潰すのだからと、感謝の意を込めて、神社にお参りに行ったという。帰りになんとなく鳥居の写真を撮ると、鳥居のちょうど真ん中あたりに、金色の斑点のある黒い煙のようものが浮いていた。

ファンの方が実際の写真を送ってくれて、僕もみた。確かに金色の斑点のある黒い煙がはっきりと写っていた。

妖獣・貘の体は黒く、金色の斑点がある。中国が発祥の妖怪だ。旧満州は現在の中国であるという事実も非常に興味深い。貘は実在しているのかも知れない。

ファンの方は、この呪いの人形の件を発端に、過去がみえるようになってしまったという。誰かの過去ということではなく、具体的には、過去の風景や建物がみえるのだそうだ。道を歩いていたり、景色をみていたりすると、急にその場面が古めかしい映像に切り替わる。

僕は、ひょっとするとこの「過去がみえる」という能力も貘の力なのではないかと考えている。

いま、裏付けをとっているところだ。

解説

禍の呪物、吉兆の龍

なにかをみたからといって、必ずしも悪いことが起きるわけではない。

なんらかの理由で恐怖や怒りなどの強い感情だけがそこに残っている、地縛霊のようなものにたまたま居合わせた事故のようなケースでは、ただ不思議な現象だけを体験して、その後に障りがあったという話はあまり聞かない。巨大なフェレットやナメクジをみて、とても気持ちが悪かった。それだけだ。だからもしなにかをみたとしても、必要以上に恐れることはない。

実害をもたらすのは、『人形と獏』で書いた人形の話のように、人の念が籠もっている場合だ。そういったものには無闇に深入りしないほうがいいだろう。

その一方で、吉兆と伝えられているのが、龍である。

龍をみたという話は本当によく聞く。龍の世界が存在していて、たまに人間界とコンタクトできる龍がいるらしい。強い守護霊として、龍をみると縁起がいい、力がつくなどといわれる。神戸の社長は龍をみてからおかしくなったから、もしかしたら違うものがみえていたのかもしれないが——。

かくいう僕にも、霊能者いわく龍が憑いているのだそうだ。龍を妊娠していた時期もあるという。無事産まれたと聞いたが、くるといわれていた陣痛もなかったし、よく分からない。

田中俊行

小泉怪奇

こいずみかいき…怪談蒐集家。子供の頃より怪奇談を聞く事が好きで、それが高じ自ら蒐集するに至る。現在は集めた怪談を、時折ネットや書籍で書いたり、怪談イベントで語ったりもしている。また交流の深い田中俊行氏にも怪談の提供を多数行なう。様々な地域に住む人間や、職業に就く人間から実体験談を取材する事で、実際に起きた事件にまつわる怪談や、普通なら表に出ないアングラな怪談を集める事を得意とする。

呪《じゅ》部《へ》屋《や》

幸せな転居

マンションの管理会社に勤める村松さんから、奇妙な物件の話を聞いた。

――前に僕の勤めていた会社が、未だに管理している物件なんで、詳しい住所やマンション名は勘弁して下さいね。

そこは駅から徒歩十分圏内の利便性が高い場所にあるワンルームマンションで、大体は入居者で部屋が埋まっているんですけど、中々埋まらない部屋が一つだけあるんです。

見た感じ、別にその部屋に瑕疵《かし》があるとかではなく、いたって普通の部屋なんですが、新築の頃から入居者が決まりにくくて。

とくに女性の方は内見に来た時点で、気分が悪くなったり急に怖がったりで、契約に至らないみたいなんですよ。

なので、契約するのは男性ばかりになるんです。

仮に決まっても大体が半年くらい、早い人だと一、二ヶ月で退去しちゃいますね。

退去理由は様々ですが、たまに妙な事を言う人がいまして。

部屋には自分一人しか居ないはずなのに、常に視線を感じる。

一人で居る時に耳元で女性の声がした。

姿の見えない何者かの足音が聞こえる。

そういったオカルトめいた内容で、普通なら真に受けません。

実際に新築当時の頃なんかは僕を含め、社員達は鼻で笑ってましたからね。

まぁ、今は誰もそんな反応はせずに、「あー、あの部屋か」ってなると思いますよ。

とにかく、借主のほとんどが契約期間までに出てってしまいますよ。

でも、例外もあって、三人ほど二年以上と長期間住んでた事もあるんです。

ただ、その住人達が変だったというか、徐々に変になっていったと言うべきか。

とにかく、詳しく話をしていきますね。


三人の内、まず最初の住人は田中さんという会社員の二十代男性です。

彼が入居したのは三月の下旬くらいで、とくにトラブルなど起こすような人物ではありませんでした。

ところが年の瀬に他の住人から、夜中に田中さんの部屋から大きな声がするから注意して欲しい、というクレームが入ったんですよ。

で、当時担当だった僕が田中さんに電話をかけて対応にあたったんです。

通話に出た彼は腰の低い口調で、「申し訳御座いません」って、すんなり謝罪を口にしました。

大人しそうな人物なのに、どうして騒いだりしたのか気になりまして、なんとなしに理由を聞いたんですよ。

すると、ズレた事を言ってきましてね。

「騒いでいたのは僕じゃなくて彼女の方でして、僕が帰ってくるのが遅いという些細な事で喚《わめ》いちゃって」

住民からは男性が大声を出してうるさい、と聞いていたので、子供騙しのくだらない言い訳をされて呆れましたよ。

でも、こじれても面倒だったので、その事には触れずに、「今度から気をつけて下さいね」とだけ言って通話を切りました。

それから、しばらくは何事もなかったんですが、一年後に再び田中さんに対するクレームが入ったんです。

今度のは、田中さんがスカートを穿き、ロングのウィッグをつけて、マンションの外廊下をうろうろしてて気味が悪いというものでした。

僕がその内容を訝し気にしているのを察したのか、クレームを言ってきた住人に、「本当の事だから、直接様子を見た上で注意をして欲しい」と、せっつかれたので、実際に行ってみたんですよ。住人の言っていたことに嘘はなく、目撃した田中さんは女装して外廊下を行ったり来たりしてたんです。

彼の表情が少し虚ろな感じで、そのせいか尚更、不気味な雰囲気を漂わせており、少し恐怖を覚えました。

ただ気味が悪いというだけで、暴れたり騒いでいるとかではなく、住人の一人が女装をして敷地内を徘徊しているというだけなんですよね。

いわば本人の趣味の範囲となると、中々注意する訳にはいかないでしょ。

それでも、なんとかして欲しいと、何度もせがまれて正直対処に困っちゃいましたよ。

自分の裁量だけでは判断しかねて、上司に相談した結果、「警察沙汰になっても困るから、やんわりと注意を頼む」と言われたので、再び田中さんに電話をかけて、不安に思ってる方がいるという旨を伝えました。

上司に言われた通り、まさにやんわりと。

幸い、「趣味に口出しするな」と怒りだされたりもなく、素直に謝罪を述べてくれたのでホッとしました。

ただ、通話を切る直前に、「止めるように彼女へ伝えておきます」って、また意味不明な言い訳をしてきたんで、もしかして二重人格とかそういう類か疑いましたよ。

そんな事があって一年が過ぎ、その間は大きなトラブルなど、とくになかったのですが、ある日、田中さんの職場から急に連絡がきたんです。

その内容は、田中さんが三日間無断欠勤しており連絡もつかず、部屋を訪ねても返事がなく、安否が心配だから鍵を開けて欲しいというもので、聞いていた社員達がざわつきました。

もしも最悪の事態だった場合、管理会社としては面倒と言いますか、まぁ中々に大変なんですよ。

とはいえ、住人の許可なく勝手に部屋の鍵を開ける訳にはいきませんし、田中さんの上司と母親の立ち会いの下、開錠したんですが、そこに彼の姿はありませんでした。

室内は電気はついておらず、家財道具もそのままだったので、留守にしているのかと思ったのですが、リビングの座卓に『関係者様各位へ』と書かれた封筒が置かれていました。

田中さんの母親が中身を確認すると、中には折り畳まれた手紙と、記入済みの婚姻届が入っていたんです。

手紙の文面には、

『この度、彼女と入籍する運びとなり、誠に勝手ながら急遽転居する事になりました。幸せです。』

このような事が書かれており、彼の母親もまったく知らされていなかったらしく、驚いていたというか、かなり困惑している様子でしたね。

で、婚姻届ですが、夫側の欄には田中さんの名前、本籍住所等がきっちりと記入されていました。

ただ、妻側の欄の方は異様でして、名前の欄に書かれた文字は、ぼやけたように滲んでいて、まったく読めないんです。

本籍の欄には、この部屋の住所が記入されていました。

で、新しい本籍の欄に『幸せ』とだけ書かれてるんです。

なんなんだコレ?って、多分その場に居た全員がそう思ったんでしょう。

みんな、しかめっ面になってましたよ。

とはいえ、どこに行ったのかも分からないし、連絡も一切取れず失踪したという事で、警察に行方不明者届が出されました。

当時、この一件について社内ではストレスで精神を病んだのだろう、という話で終わったんです。

次に長期間この部屋に居住したのは、上田さんという美容師の二十代男性で、彼も住み始めた頃はトラブルなどなかったのですが、半年が過ぎた頃ですかね。

田中さんと同じような、騒音のクレームがきたんですよ。

なので、注意するために電話をかけたのですが、彼も妙な言い訳をするんですよ。

一応、謝罪の一言を述べはするものの、「彼女が騒いだだけで自分は悪くない」って。

これが田中さんの件と被って、なんだか嫌な感じがしました。

案の定、それから度々、大きな物音や大声がするというクレームが入るようになり、その度に注意したんですよ。

ただ、三度目くらいには「あの女が悪いのに、俺に言ってくるな」みたいに逆ギレして、謝罪の一言もなしになってましたが。

一応、注意すると二、三ヶ月くらいは静かにはなるんですが、結局はまた反省もなく繰り返すしで、入居から一年が過ぎた頃にはブラックリスト入りになってましたよ。

まぁ、次に何かトラブルが起きた際は、退去勧告も視野に入れての注意をするって事になったんです。

そこから、半年経ったくらいに騒音トラブルをまた起こしたので、次やったら退去して貰う事になるかもしれないと伝えました。

さすがに堪えたのか素直に謝罪をしてきたので、これで収まってくれるかなと思っていたんですが、それから半年後に救急車が来る騒ぎを起こしたんですよ。

上田さん、お腹に果物ナイフを突き刺して自殺を図ったんですが、その時に意識があったらしく、自身で救急車を呼んだそうです。

傷自体は浅く、命に別状がなかった事は幸いでしたよ。

ただ、これは看過できない事態だという事で社内でも問題となり、事態を知ったオーナーの意向もあって、彼を退去させる事が決定したんです。

まぁ、また自殺を図られて、瑕疵が付くような事になったら堪りませんからね。

で、上田さんが退院して部屋に戻ってきたタイミングで、その旨の連絡を入れたんですが、その時の彼の言動が支離滅裂だったんですよ。

「俺は自殺なんてしようとしてねぇ！　あの女に刺されたんだ！　他の女に浮気をしたって急に怒り出して、俺の事を殺そうとしてきたんだ！」

そんな事を言い出したんで、いよいよヤバそうだってなって、六ヶ月後にはとにかく退去できるようにしてくれと伝えたんです。

退去を命じてから一週間ほどして、上田さんが勤める美容院の店長から電話がかかってきたんです。

彼が何日も無断欠勤をして連絡もつかず、部屋を訪ねても返事がないので鍵を開けて欲しいというものでした。

前に自殺未遂をした事がある人物だったので、大慌てで彼の実家に連絡を入れたんです。親御さんは遠方であり、すぐに来れないという事で、近場にいる彼のお兄さんに立ち合ってもらって、連絡をしたその日に部屋を開錠しました。

中の家財道具はそのままで、上田さんの姿はなく、リビングのテーブルの上に『家族へ』と書かれた封筒が置かれていたんです。

この見覚えのある状況に、嫌な予感がしました。

彼のお兄さんが封筒の中身を取り出す時、自分の予感が外れていて欲しいと願ったのですが、それも虚しく、中からは折り畳まれた手紙と婚姻届が出てきたんです。

手紙には、『俺、結婚する事になったので転居します。ご迷惑かけてすみません。幸せです。』と書かれていました。

婚姻届も以前に田中さんが失踪した時と同じ内容で、妻側の名前の欄に書かれた文字は滲んで読めず、本籍にはこの部屋の住所、新しい本籍に『幸せ』と書かれていました。

田中さんの失踪と状況が完全に一致しており、体から血の気が一気に引いて、鳥肌が立ちましたよ。

結局、上田さんは失踪という事で、家族が行方不明者届を出したようです。

これ以降、あの部屋は何かあるんじゃないのかって、全社員が気味悪がるようになりました。


そして三人目の人物は、塾講師の二十代男性で和田さんという方です。

彼も入居した半年くらいの間はトラブルを起こす事はなかったのですが、一年が過ぎたくらいになると、騒音によるクレームがきてしまったんです。

ああ、やっぱりこの部屋はヤバいんだなって思いましたが、僕の立場で住人に引っ越せとも言えませんし、事務的に対処するしかできません。

電話でクレームに関する注意を和田さんにすると、彼はすんなりと謝罪のみを述べてくれました。

過去の件があって身構えていたので、彼の口から「彼女」という言葉が出る事がなくて、少しホッとしましたよ。

これ以降、彼に対するクレームは一切くる事はなく、あの部屋はいたって平穏に時が過ぎていき安堵しましたよ。

そして二年が過ぎようとした時、和田さんから契約を更新せず転居すると連絡があったので、対面で退去時の説明や段取りをいたしました。

引っ越し日が決まれば連絡を下さいと伝えていたのですが、なんの音沙汰もなく退去日が迫ってきていたので、彼にどうなっているのかを尋ねる電話をかけたんですよ。

ところが、電波が届かないか、電源が入っていないとアナウンスになって、電話が繋がらないんです。

時間を置いてから何度もかけ直すのですが、全く連絡が取れずに困りました。

翌日も電話が繋がらないので、やむを得ず直接部屋を訪ねたのですが、何度チャイムを鳴らしても名前を呼んでも返事がないので、不在にしているのかと思い、仕方なく、連絡が欲しい旨を書いたメモをポストに入れてから戻りました。

それでも先方からの連絡はなく、こちらからの連絡も繋がらない、訪問しても居ない。

困り果てて、上司に相談したところ、現状こちらからは何もできないので待つしかないとの事です。

で、退去日の前日になっても、なんの便りもなかったので、上司にその事を報告すると、明日とりあえず約束の日時に部屋へ向かってくれと指示されました。

当日マンションに行ったんですが、やはり彼は部屋にはおらず、連絡もつかず、しばらく待ってみたものの姿を現す事がなかったので、戻ってその事を上司に報告しました。

もしかすると、和田さんの安否に関わる事が起きているのかもとなり、彼の職場に連絡をしてみたんです。

なんと彼は一ヶ月以上前に退職したと言われました。

これは、ただ事でなさそうだと、慌てて保証人である彼の親戚へと連絡をしたんです。

ところが、彼の叔父に当たる人物からの返答が、こちらの予想外のものでした。

「あの子が高校生の頃に両親が亡くなったから、成人するまで一時的に預かってただけで、今はほとんど縁はない。保証人と言われても名前を貸しただけで関係ない」

およそ血縁者に対してと思えない言いぐさと態度に、どうしたものかと頭を抱える事になりました。

当社だけでは決めかねる状況になり、オーナーと相談して対応する事になったんです。

その結果、もしもの事があるかもしれないので、翌日に警察立ち会いの下、部屋に入る事になりました。

そして当日、立ち合いの警官と一緒に部屋へと入ったんです。

室内には家具が残されており、そこに和田さんの姿はありませんでした。

最悪の事態でなかった事には安心したのですが、それとは別の不安が頭を過ぎったんです。

そうです。以前の住人。田中さんと、上田さんの二人の事が。

なので、どこかに封筒が置かれてないか室内を見渡しました。

テーブル、ワークデスク、その他の家具の上。

何度も確認しましたが、それらしい封筒はどこにもなく、和田さんが行方をくらませた事と、過去に起きた事は関係ないのだと思い、住人が失踪したにもかかわらず、安堵したのを覚えています。

でも、大きな問題が残っており、今度はそちらで頭が痛くなりました。

それは、住人である彼が居なくなった事で部屋の残置物をどうするか。

住人が失踪した場合、保証人にそれの処分をしてもらうのですが、住人と保証人との関係が良くない場合は揉めやすく、費用を支払ってくれない事もままあるんですよ。

物件のオーナーによりますが、訴訟に発展するケースもあるくらいですから。

おそらく、今回もそうなるだろうなと思いつつ、彼の親戚に再び連絡を取りましたが、返答は予想通りのものでした。

「うちは関係ない。そっちで勝手に処分してくれ」と、取りつく島もなかったです。

それでも、勝手に処分してもいいと言質は取れたので、オーナーの負担で業者を呼んで、後日、残置物を片付ける事になりました。

立ち会いで処分業者の作業員と一緒に室内に入った際、残置物の確認も兼ねて室内を少し見渡したんです。

そしたら、ワークデスクのど真ん中に日記帳が置かれているんですよ。

わざとらしく目立つような位置にあるそれが、無性に気になってしまって、本当はプライバシーの観点から見ちゃいけないんですけど、どうしても好奇心を抑えきれず、周りの目を盗んで読んでしまいました。

彼が失踪した理由が分かるかもという期待もあったと思います。

日記帳のページをパラパラとめくると、この部屋に住み始めた頃の文章を見つけたので、そこから読み進めていきました。

初めの方は、とくに変わった内容が書かれていなかったので、軽く目を通すと次のページへという具合で進めていき、居住してから半年くらいの日記で目がとまりました。

『前々から誰かの視線を感じる、気配がすると思う事があった。どうやらこの部屋には女性が住んでいるようだ。』

　この日記から内容が徐々におかしくなっていくんですよ。

『今日は勇気を出して彼女と話してみた。彼女はここのマンションができた時から住んでいるらしい。時折、ルームシェアもするのだが、その多くが早々に転居してしまい寂しいらしい。』

『彼女とは共通の趣味が多く、話していてとても楽しい。彼女も僕と話すのは楽しいと言ってくれた。女性からこんな事を言われたのは初めてであり嬉しかった。』

　こんな感じで、この部屋に居るという彼女との毎日のやりとりが書かれているんです。

　ここから日付が進んでいくと、更に変化が起きます。

『彼女は僕の事が好きだと言ってくれた。僕も彼女の事が好きであったので、つき合う事になった。』

『彼女は嫉妬が強いらしく、その日は少し遅くなったのだが、その事をブツブツ言われてしまった。』

　交際が始まった記述のあとに書かれた日記で、気になる箇所があったんですよ。

『この日は、職場の飲み会があり、終電で帰る事になった。家に着くと彼女は物凄く怒っており、ヒステリックになった。近所迷惑にならないか心配だ。』

『案の定、昨日の事で管理会社の人から注意を受けてしまった。その事で彼女とも話し合い、お互いの悪いところを反省した。これからは仕事が終わったらまっすぐ帰宅する事にする。』

これが書かれた日付が、彼にきたクレームの対応した日と同じなんです。

やはり、この部屋は異常なんだと確信しました。

そして、失踪した田中さんと上田さんにも、日記に書かれている内容と同じような事が起きていたんだと思います。

とにかく続きを話していきますね。

しばらくは彼女との日常が書かれている内容が続いたので、和田さんが退去を言い出した時期までページを飛ばしていきました。

そこで、彼が抱く彼女への心証が真逆に変化し始めるんです。

『実は、彼女には二度の結婚歴があり、どれも上手くいかなかったそうだ。僕は彼女を幸せにしてあげられるだろうか。正直に言うと自信がない。』

『彼女に、僕が結婚に躊躇がある事がバレている。彼女の表情が怖い。彼女の事が怖い。彼女ってなんだ？』

そして日記の内容が、彼がこの部屋から出ようとしているものになります。

『あれは人間じゃない。存在はしているが居ない。なんとかしないと。』

『日記が見られている。幼少期からの日課なので辞められない。だから気をつけないと。』

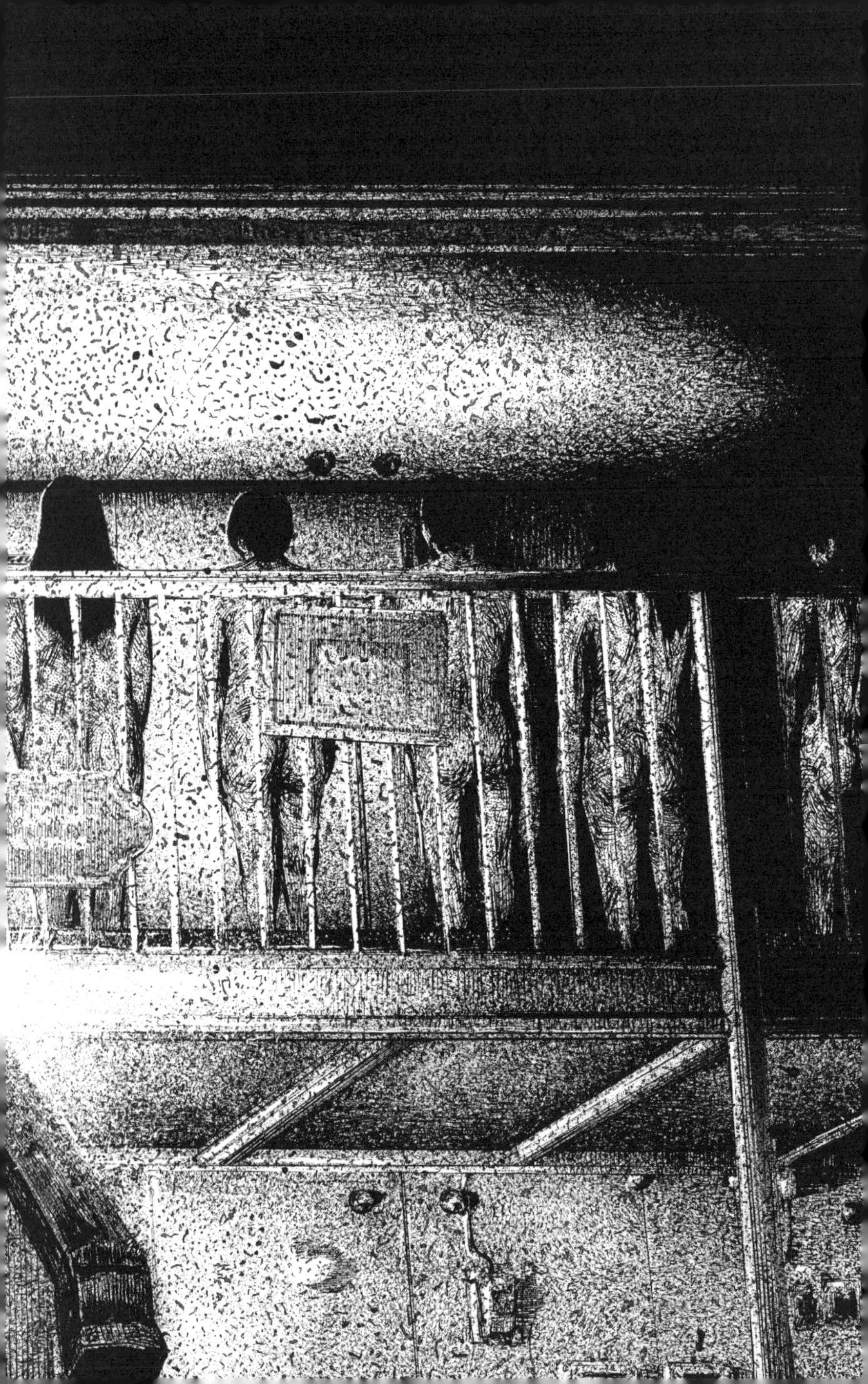

これらは彼から退去の連絡がくる前日の記述です。

『今日、話をした。あと少しの我慢だ。やる事は多い。』

そして、これが彼と打ち合わせをした日に書かれていた内容になります。

この先に、和田さんが失踪した理由が書かれている。そう予感した時に、読んではいけないものがある気がして、次のページをめくるのに躊躇しました。

これ、第六感ってやつなんでしょうかね。

とはいえ、ここまで読んできた以上、ここで日記帳を閉じるという選択は、僕にはありませんでした。

意を決してページをめくりました。

『まずい。バレてしまった。あれは見ていたんじゃない。幽霊とかそういう曖昧な存在じゃない。頭の中、脳に居たんだ。もう終わりだ。』

書き殴られた文章の最後に、

『幸せです。』

この一文が書かれていたのです。

それを見た瞬間、全身の毛穴が開き、足元から怖気が這い上がってくる感覚が襲ってきました。

すぐにでもこの部屋から出たい。

どうしようもない恐怖心が溢れ出して、もう堪える事ができませんでした。

できる限りの平静を装いながら、作業員に「あとはよろしくお願いします」とだけ言って、部屋の外へと逃げ出しました。


あの部屋から、得体の知れない何かが憑いてきていないか震えが止まりませんでした。

しばらくして、作業員から作業が終了したと連絡を受けたので、確認と施錠の為、再び部屋に戻らなくてはいけないのですが、正直どこかに逃げてしまおうかと思ったくらい戻るのが嫌で堪らなかったです。

でも、そんな事できる訳ないので、とにかく手早く済ませてさっさと帰ろうと、空っぽになった室内のチェックに当たりました。

その間、ずっと誰かの視線を感じる気がしたんですよ。

日記を読んだせいで、そういう想像をしてしまってるのか、妙な先入観を抱いてしまったせいなのか。

今すぐ部屋から飛び出したい怖気に耐えながら、できうる限りの速度で仕事を済ませました。

最後にこの部屋の施錠をしたら、やっと帰れる。そう思いながらドアを閉める瞬間。

閉じようとするドアの隙間から覗く室内に、髪の長い女性の姿が見えたんです。

その瞬間、ドアが閉じ終わり部屋と外が完全に隔てられ、さっき自分の見たものが現実なのか、
それとも恐怖心が見せた幻覚だったのか。

それを確認する勇気は自分にはありませんでした。


以上が僕の関わった奇妙な物件の話です。

あ、一つ言い忘れてました。

和田さんの日記なんですが、実は元に戻し忘れてしまい、持って帰ってきちゃったんですよ。

その時、背表紙の裏にポケットがある事に気がついて、そこを確認すると折り畳まれた婚姻届が
挟まれてました。

やっぱり、あの部屋にいる彼女との結婚から、彼は逃げられなかったんですね。

敏腕営業

　これはK県K市に在住する三十代の会社員、安住浩太郎さんが体験した話である。

――ある日、仕事を終え二十一時頃に住まいのマンションに帰宅すると、ドアポストに一枚の名刺が入っていた。

　おそらくセールスの名刺なのだろう『(有)　営業部　藤原浩太　K県K市○○町○○番地　TEL○○○―○○○―○○○○』と書かれている。

　妙な事に名刺には人物名と市内局番からの電話番号は記されているのだが、肝心の社名は(有)以外は書かれておらず、どういった業種であるかも分からない。とはいえ興味もないので、その名刺は丸めてゴミ箱に投げ捨てた。

　それから買ってきた弁当を食し、シャワーを浴びてリビングに戻るとスマホが鳴っていた。

　画面を見ると市内局番からの覚えのない番号であり、着信が切れるまで無視したが、直後に着信音が再び鳴り出す。

確認するとさっきの電話番号だったので、また着信が切れるまで放置するのだが、その都度しつこくかかってくる。

あまりの執拗さに間違い電話やイタズラなどではなく、誰かしらの急用かもしれないと思い至り電話に出る事にした。

どちら様でしょうと尋ねると、

「お忙しいところ恐れ入ります。有限会社……ザザッ……の営業部、藤原と申します」

男性の低い声で返答があるも、社名を名乗った部分にノイズが入り聞き取れなかった。

だが電話の相手が投函されていた名刺の人物である事は分かる。

時刻を確認すると二十三時頃を指していた。

そんな夜分に面識のない相手へセールスの電話をかけてくるなんて、なんと常識のないヤツだとこちらが不快に思っている事など構わず、この藤原という男は話を続ける。

「今、無料で当社の商品をお配りしておりまして、よろしければ如何でしょうか？」

どうやら試供品のセールスのようだが、その手の物に一切興味はない。

そもそも、こんな時間に電話をしてくるような手合いである。

下手に話をして、しつこく食い下がってくる可能性もあり、そうなると面倒なので簡潔に必要ない旨を伝えてから、二度と電話をかけてくるなと言って通話を切ってやろう。

内心でそう息巻き、電話口の相手に「要りません」と開口一番切り出した。

その流れで啖呵を切ろうとしたが、こちらの返答が分かっていたかのように、

「そうですか……。残念です。もし、ご興味を抱かれましたら、その際は是非ともよろしくお願いします」

そう即答される形で遮られてしまった。

相手の思わぬ言葉に呆気に取られている間にブチッと通話は切られてしまい、なんだかモヤモヤとした気分になったが、明日も早いのでベッドに入り寝る事にした。

翌日、仕事を終え昨日と同じ位の時刻に帰宅すると、またポストに藤原からの名刺が投函されており、一応、紙面を確認するも書かれている内容は同じである。

電話口ではっきり要らないと断ったにもかかわらず、また来ていたのかと正直呆れつつ、昨日と同じようにその名刺をクシャッと丸めゴミ箱に捨ててやった。

この藤原という男は、良く言うと仕事熱心なのだろうが、悪く言うとしつこいと言うか空気の読めないヤツなんだろうなと思っていると、突如スマホの着信音が鳴り響く。

確認すると登録されていない市内局番からの着信であり、まさに昨夜のデジャヴだ。

名刺に書かれていた電話番号を正確に覚えていた訳ではないが、恐らくは藤原からの電話だろうと無視を決め込むも、切れては何度もかけ直してきて異常なほどしつこい。

いい加減に頭にきたので、その番号を着信拒否にし、ようやく静かになったが、自宅での憩いの時間を台無しにされ、気分が悪い一日の締めくくりとなった。

次の日、気味の悪い事が起こる。

仕事から帰宅するとリビングのテーブルの上に、藤原の名刺があった。

前日に丸めて捨てたものとは違い、折り目一つない新しい名刺だ。

これは留守中自宅に侵入されたという事に他ならない。

鍵はどうした？　ピッキング？　帰宅時は鍵は閉まっていたよな？　侵入してから、わざわざ鍵を閉めたのか？

パニックになり色々な事が頭の中に思い浮かんだが、通帳や実印といった貴重品が盗まれてないか心配になり、すぐさま確認をする。

室内を荒らされた形跡はなく、貴重品や他の目ぼしい物も無事であり、何も盗まれてはいなかった。

ひとまず安心はするも、ただ名刺を置く為にあの藤原という男は侵入してきたのかと思うと、その異常さに気味が悪く恐怖を覚えた。

とにかく警察に通報しようと思っていると、ふいにスマホから着信音が鳴り出す。

とっさに画面を見ると登録されていない市内局番からだ。

昨日、同じような番号を着信拒否したばかりだったが、もしかすると別の番号から藤原がかけてきているのかもしれない。

通話に出る事に少し躊躇はしたが、もし藤原からの電話なら不法侵入について問い詰めてやると通話ボタンを押す。

繋がると同時に相手からの第一声が聞こえてくる。

「お忙しいところ恐れ入ります。有限会社……ザザッ……の営業部、藤原と申します」

やはり藤原からだ。

人様の家に勝手に上がり込んでおきながら、すました態度でテンプレの文言を吐いてくる図々しい態度に怒りが込み上げ、次の瞬間にはスマホ越しに怒声を浴びせていた。

「お前なんなんだよ！　人の部屋に不法侵入しやがってどういうつもりだよ！　お前これ犯罪だぞ！　なんとか言えよ！」

大きな声でまくし立てるも、当の藤原はどこ吹く風と言わんばかりに、

「今、無料で当社の商品をお配りしておりまして、よろしければ如何でしょうか？」

しれっとした様子でセールスを続けてくる。

その態度にいよいよ我慢の限界で殺意すら覚え、近所迷惑だとかそういった事など頭から抜け落ち、ありったけの怒りを大声に変えスマホの向こうに居る藤原にぶつけた。

「テメェふざけんな！　なめてんのか！　警察に通報して、お前のこと逮捕して貰うからな！　覚悟しとけよ、この犯罪者！」

言い終えると、スマホから藤原のボソボソとした声が聞こえてくる。

「そうですか……要りませんか……残念です」

慌てたり謝罪をするでもなく、尚もふざけた事をほざいていたが、このイカれたヤツに一秒でも関わりたくなかったので、一方的に通話を切って即着信拒否にぶち込んだ。

少し気持ちを落ち着けてから警察に不法侵入された旨を通報すると、警官が駆けつけてくれたので、藤原の名刺を見せ、先日からのあらましを説明した。

調書や指紋採取を終えた警官達が帰った頃には日付けが変わりそうになっていたので、簡単に食事を済ませシャワーを浴び、すぐさまベッドに入り部屋の電気を消すも中々寝付けない。

警官から何かあればすぐ来てくれる旨と、近辺の巡回も強化すると言われて、少し安心はしたものの、不安と恐怖は拭い切れないからだろう。

明日も朝が早いというのに散々な一日で本当に疲れた。


翌日、昼休みに自宅マンションの管理会社に玄関の鍵を交換してもらう為に電話をかけていた。

窓やベランダから侵入されたり、ドアもピッキングなどされた痕跡もなかったので、合鍵が作られている可能性があり、警官からも防犯や身を守るために鍵を変えた方が良いと言われたからだ。

鍵の付け替えは住人の立ち合いの下という事で、業者に来てもらうのは休日の昼過ぎと決まった。

付け替えにかかる費用も安いものでなく、給料日前というのに痛い出費で気分が沈み、そんな憂鬱な気分を引きずったまま、その日の仕事を終え家路についた。

自宅に入り部屋の灯りを点けると、テーブルの真ん中に置かれた長方形の紙が目に飛び込み、凍ったように体が動かくなる。

手に取って確認しなくても分かる……あの名刺だ。

今回も特に室内を荒らされておらず、物が盗られたりもしていない。

ただ名刺を置く事になんの得があるのか？　どういう意図なのか？　考えてみるが理解はでき

ず、まったく意味が分からない。

見ず知らずの藤原という声しか知らないヤツが自分の家に入り込んでいると思うと、吐き気がずるほどの不快感が湧き上がり恐怖が増した。

直後、スマホから着信が鳴り響く。

思えば、これまでも自身が名刺を確認してから、すぐに着信がきていた。

どこからか藤原に監視されてるかもしれないと頭に過ぎり、背筋が急速に冷たくなっていく感覚を覚え、すぐさま着信拒否にし、慌てて警察に通報を入れる。

少しして警官が来たものの、調書を取ってから、何かありましたら連絡をという旨を言うと帰っていく。

結局、なに一つ現状を解決する事はなく、むしろ警察はちゃんと対応をしてくれているのか、逆に不安が大きくなっただけだった。

気休めかもしれないが、玄関のチェーンに窓やベランダの鍵という鍵がかかっているか何度も念入りに確認をしてから、布団を頭から被り目を閉じる。

なんでこんな事になったのか、自分が何をしたというのか、意味のない自問自答を繰り返し眠れぬ一夜となった。

それからも毎夜毎夜テーブルに名刺は置かれ、やはり確認した直後に着信がくるので、その都度に通報をしていた。

しかし三回、四回と呼ばれる警官も、またかよという表情で対応も雑になっている気がして、警察にはもう頼れないと考えるようになり、鍵を付け替えるまでの日々は本当に恐ろしかった。

この恐怖に耐えながら、待ち望んでいた休日を迎えると、念願であった鍵の交換を終える。

ようやく元の日常に戻れると思うと、今夜は久しぶりにゆっくりと眠れそうだ。

翌日は目覚めの良い朝を迎えられて最高の気分だった。

鍵を付け替えて以降、名刺を置かれる事もなくなり、やはり藤原は合鍵を使い自宅へと侵入を繰り返していたのだと確信した。

しかし、自分は一度も鍵を紛失した事がなく、どうやって合鍵を作ったのか疑問が残る。

賃貸のマンションであるので、前の住人が落としたのを手に入れたとか、もしかしたら前の住人が藤原だったのでは、などと色々と考えてみるものの、それは警察の仕事で、あとはヤツが逮捕されれば解決だと楽観的に思っていた。

それから少しして警察から連絡があり、妙な事になった。

「安住さんにお聞きしたい事がいくつかありまして、ご連絡いたしました。正直にお答え頂きたいので率直にお尋ねしますが、本当に藤原という人物の名刺は安住さんが留守の際に置かれていたんですよね？」

対応した警官は明らかに疑いを持った雰囲気の声色である。

とうてい被害者に対して取るべきではない態度に業腹となり、少しぶっきらぼうな口調で、そうですがと返す。

それに対して警官も疑念を解くような雰囲気はなく、更に質問を続けてきた。

「では、名刺に書かれた電話番号から連絡が何度もきていた事も間違いありませんか？」

まるで自分が取り調べされているようで気分が悪く、ムスっとした口調のまま、そうですがと再び答える。

一体、どういうつもりなんだと思っていると、警官から驚く事を聞かされてしまう。

「そうですか……少し妙な事を話しますが、その電話番号は現在使われておらず、随分前に解約されているんですよね。あと名刺に書かれた住所ですが、そこに会社があった記録もなく、今は空き地になってるんですよ」

住所は適当に書かれていたものだとしても、名刺に書かれた電話番号と着信拒否にした番号を確認したところ合致しており、着信があった事に間違いはない。

警官にその事を伝えるも、室内や預かった名刺からも第三者の指紋は検出されておらず、明らかに自作自演のイタズラを疑うような応対をされたので、必死に本当の事であると訴えた。

取りあえずは警察もこちらの言い分を信じるとは言ってくれ、引き続き捜査はするとの事だったが、誰が聞いてもそれは建前であるのは明白であろう。

それに鍵を変えた事で一連の事は収まっており、納得しきれはしないが、仮に藤原が逮捕されなくても、それはそれで仕方がないという気持ちになった。

ただ気になるのが、たしかに名刺に書かれた番号からの電話は何度もかかってきており、ずいぶん前から使われていない番号というのはあり得ないし、納得ができない。

だからといって、こちらから電話をかけて確かめる気もなく、二度と関わるつもりはない。

とにかく、この一件はもう終わりにしようと忘れる事にした。

その翌日、仕事を終えて自宅に着き部屋の灯りを点けた瞬間、背筋が一気に凍りつき身動きが取れなくなる。

テーブルの上に例の名刺が置かれていたからだ。

なんで!?　どうして!?　鍵を付け替えたのに!?

恐怖からくるパニックで思考がグルグルと回っている中、スマホがけたたましく鳴り出した。

判断能力を失い、この状況に対処できず完全に固まっている間も、スマホの着信は鳴り続けては切れ、切れては鳴り出すを繰り返している。

何度目の着信だろうか、自分の中で何かがプツリと切れた。

これ出なきゃダメだ。

出なきゃ終わらない。

出て相手の要求を飲まなきゃ。

そうしなきゃ終わらない。

自身の意思ではない何かに背中を押されるように、そう結論をつけてしまった。

気がつくと勝手に通話ボタンを押していたようで、アイツの声が聞こえてくる。

「お忙しいところ恐れ入ります。有限会社……ザザッ……の営業部、藤原と申します。今、無料で当社の商品をお配りしておりまして、よろしければ如何でしょうか？」

番号を確認していなかったが、電話の相手はやはり藤原で、相変わらず社名の部分にノイズが走り、そこだけは聞き取れない。

藤原が壊れたレコーダーのように、いつもの文言を抑揚もなく言い終える。

もう限界だった。

もうコイツの声を聞きたくない。

一刻も早くコイツとの縁を切りたい。

とにかく関わりたくない一心から、

「その商品貰う……。貰うからもう二度と来ないでくれ！　二度と電話しないでくれ！　頼むから！　頼むから！」

まくし立てるように返答……いや、懇願した。

それに対して藤原は、

「まことにありがとう御座います。それでは後日、当社の商品をお届けさせて頂きます」

丁寧だが感情のない淡々とした口調で返してくる。

「それなら俺の部屋にもう入らないでくれ！　物はドアの前とかに置いてくれたら良いから！」

これっきり関わりたくない、藤原と直接会うなんて無理だと思い、慌てて言ったが、すでに通話は切れていた。

もしかすると自分は、言ってはいけない事を口にしてしまったんじゃないのかと、激しい後悔に襲われる。

結局は一睡もできずに、とうとう外が明るくなってしまった。

その間に誰かが来るという事や、何かが起きるなどもなく時間だけが過ぎていく。

時計を見ると、出勤する時刻に差し掛かっていたが、とてもじゃないが仕事ができる体調でも精神でもなかったので、会社には風邪をひいたと言い欠勤する事にした。

しばらくは寝付けずにいるも限界がきたらしく、いつの間にか眠ってしまったようで、気がつけば時刻は夕暮れになっており、室内はやや薄暗くなっている。

結局、何も起きなかったのか。

それともこれから起きるのか。

もうすで何か起きたのか。

不安になりながら部屋の灯りを点けた。

灯りで照らされたテーブル上に、見覚えのないカラフルな立方体が乗っている。

それは、全面がバラバラで揃っていないルービックキューブだった。

なんでこんな物が？　藤原が置いていったのか？　ドアにはチェーンをかけていたのにどうやって入ったんだ？

ドアだけでなく、窓やベランダなど侵入できそうな箇所を全て確認したが、そのどれもに鍵はしっかりとかかっており、いわゆる密室の状態だ。

そもそも警察に通報するとか鍵を交換するとか、そういう問題ではなく、理不尽で理解のできない何かであると思い知らされた気がする。

根拠はないが、今度こそ終わったという漠然とした感覚だけが残った。

現にこれ以降、藤原から名刺を置かれる事も、電話がかかってくる事もなかったが、このルービックキューブをどうすればいいのか分からない。

捨てたり破壊したら、また藤原が来るかもしれないと考えてしまうと処分できず、かといってそのまま持っていても良いものか悩んでいる。


「これ、完成してしまったらどうなるんでしょう？」

「やはり完成させた方が良いと思います？」

「いっその事、完成させますか？」

最後に安住さんが尋ねてきたが、結局その問いに明確な答えを出せず話を終えた。

それから、しばらくして安住さんから「完成させました」とメールが来て以降、音信不通となった。

解説

他人の生活が怖い

田中俊行

家は怖い。

誰かがずっとそこで暮らしている個人的な空間に、他人が立ち入ることの気持ち悪さがある。事件があったとか人が死んだとかではなくても、そこには人の念が籠っているから。

僕自身、心霊スポットは全然怖くないのに、事故物件は気持ち悪い。

呪物を引き取りに孤独死があった部屋に行くことがある。古い畳に凹んだ箇所があるのを見つけたりすると「ずっとここにおったんや……」とその人の生活を想像して怖くなる。元住人はいつもそこに座り、いろんなことを思っただろう。それが澱のように重なって、残されている。

松原タニシさんの事故物件に何回か泊まったことがある。先入観もあるだろうが、変な家だった。

床がちょっとだけ斜めになっている。注意しないと気づかないくらいのちょっとした歪みだが、ずっと暮らしているうちに、徐々におかしくなっていきそうだ。

呪物で溢れている僕の事務所も、他人にとっては気持ち悪いらしい。霊感がある人が来ると「もういられません。怒りのエネルギーが溜まってますよ」などといわれる。

そらそうやろな。

肆

逢《おう》魔《まが》時《とき》

ウエダコウジ

うえだこうじ…怪談師、俳優、モデル。幼少期に「学校の怪談」「誠のサイキック青年団」に触れ怪談やオカルトの世界に深い興味を抱く。二〇二一年の「怪談最恐戦」「怪談ニュージェネレーション」等をきっかけに怪談師としての活動を本格始動。二〇二二年からは「こわい話のお兄さん」として子ども向け怪談イベントに多数出演する他、富田安洋と共に「怪奇少年団」を結成。YouTubeやイベント会場を舞台に精力的に活動している。

夏の思い出

奈良県で喫茶店を経営する四十代の男性、谷さんはとても活発な少年時代を過ごしたそうだ。彼には仲の良い同級生が三人おり、皆で集まって田舎町を闊歩していると、それを見た大人達が親しみを込めて「悪がき四人衆」と呼んだ。

ここからの話は、その四人衆が小学五年生のとある夏の日に起こった出来事である。

「今日の晩、ゲンジ採り行こうや！」

「ええな！」「いこいこ！」

「それやったら俺、ええ雑木林知ってるで！」

谷さんや僕の地元など、奈良県の一部地域ではカブトムシやクワガタムシのことを「ゲンジ」と呼ぶ。そんな「ゲンジ採り」の話題で大いに盛り上がったが、四人の空気を一遍に変えてしまうものが突然、視界に映り込んだ。

それは学校の校門前、アスファルトに横たわる無残な猫の遺体だった。

「かわいそうやな」「車に轢かれたんかな」

少年達は皆、悲しそうに呟いた。

ところが、しばらくして、

「気持ち悪い」

そう誰かが言った。

誰が言ったのかは分からない。

重々しい空気に耐えきれず、谷さんが「はよ、学校入ろう」「先生に怒られるわ！」と大きな声で叫んだ。その言葉を合図に、少年達は一斉に校門の中へと駆け込んだ。

朝から辛いものを見て、最初のうちはとても気持ちが沈んだが「ゲンジ採り」が大変楽しみだった事もあり、給食を食べる頃には自然とその事が頭から消えていったそうだ。

それから五、六時間目の授業が終わり少年達は一旦、家路についた。

各々、制服を着替えて晩御飯を食べ、自転車に跨る頃には外はすっかり暗くなっており、集合場所の公園に全員が集まったのは夜の八時だった。

四人の少年達は、早速、お目当ての雑木林に自転車を走らせた。

「ゲンジいっぱいおるかな！」

「絶対あそこは期待できるで！」

そう皆で盛り上がっている時、

ギィィィィィィィィィィィィッ

田んぼのあぜ道の真ん中で、一番先頭を走る友人が突然急ブレーキを掛けた。見ると彼の足元には一匹の小さな猫がいる。

それはとても愛くるしい姿で、まるで全員に挨拶でもしたいのか、こつんこつんと次々に頭を摺り寄せてくる。

「めっちゃかわいいやん」

「こいつ、まだ子猫やなぁ」

口々に言う彼らの足元で「にゃあにゃあ」と甘えた鳴き声を出し、「ごろごろ」とあの猫独特の喉音を響かせた。

それにしてもこの猫、一向に四人の下から離れない。

すると背後の草むらでザザッと音がした。全員が一斉に振り返るとそこに猫が二匹居て、こちら側に素早く駆け寄って来た。

「にゃあにゃあ」「ごろごろ」「にゃあにゃあ」「ごろごろ」

そんな声や音を周囲に響かせながら合計三匹の猫が少年達の足にまとわりついた。

「え、なにこれ？　ここめっちゃ猫いるやん！」

谷さんが口にした途端、また草むらからザザッと音がした。見ると猫がまた三匹、こちらに向かってくる。

これで合計六匹である。

六匹分の「にゃあにゃあ」「ごろごろ」が、これまで以上に大きく、真っ暗なあぜ道に響き渡る。

「なぁ、これなんかおかしないか……」

そう言う谷さんの背後の草むらからザザッと音がする。

猫がいる。

「おいぃ、どうなってねん、なぁ」

そう、ひ弱に言う友人の背後の草むらからザザッと音がする。

猫がいる。

「おい!!　これ絶対に変やぞ!!」

そう叫んだ別の友人のすぐ横からザザッと音がする。

猫がいる。

何度もそんな事が目の前で繰り返された。正直なところ、それから先、猫が何匹ずつ増えたのか、合計で何匹なのかは数えていないという。少年達にそんな余裕は決してなかった。

気づけば月明かりの下、四人は無数の猫達に取り囲まれ、今ではもう地面の土を拝むことさえ叶わなくなっていた。

「うわぁ!!　ちょっとあれ!!　ちょっとあれ見てぇや!!」

突然、大きな叫び声を上げたのは先程、急ブレーキを掛けた、列の一番先頭にいる友人。彼の視線の先には最初に飛び出して来た一匹目の猫。

ところがその姿は数分前のそれと明らかに異なる。色や毛並みは同じながらも、所々傷つき、血が出ている。

ここで谷さんが気づいた。

「おい、その猫、学校の前で死んでた猫やんけ！」

「あかん！　逃げよ！　早く逃げんぞ！」

四人は足元にまとわりつく猫を必死で払い除けなんとかその場を離れようと全力で走り出した。

するると突然、

にゃぁあああああああああ!!!　にゃぁあああああああああ!!!

にゃぁあああああああああ!!!　にゃぁあああああああああ!!!

にゃぁあああああああああ!!!　にゃぁあああああああああ!!!

にゃぁあああああああああ!!!　にゃぁあああああああああ!!!


まるで怒号のような鳴き声が背後から響き渡った。思わず振り返ると、そこにあったのは無数の光。月明りに照らされた猫の眼球だった。

「おい、止まるな！　逃げるぞ！」

谷さんは友人達に向かって叫んだ。

そのままどれくらい走り続けたか覚えていない。

なんとか四人はその場から遠く離れることができた。

集合場所だった公園まで戻って来ると「今日は帰るわ」「じゃあ俺も帰るわ」と四人中二人が家に帰って行った。

しばらくして「もう一箇所行く？」と言い出したのは谷さんと一緒に残った友人（今更ではあるが、残ったもう一人の友人のことを「山中さん」と呼ぶことにする。思えばまだ彼らはゲンジ採りという目的を果たせていない。先程の一件と、それとこれとは別だったようだ。よって、谷さんと山中さん、お二人の話はもう少しだけ続く）。

山中さんの提案に対し、「じゃあいこか」と谷さんも返事をした。

別の雑木林へ向かって自転車を走らせながら、「さっきのなんやってんな」「びっくりしたよな」

二人はそんな会話を交わした。

だんだんと目的地が近づいた頃、急な下り坂を下っている時に、

ギィィィィィィィィィィイッ

山中さんが突然、ブレーキを掛けた。

「どうしてん？」

谷さんが問いかけるが全く返事がない。見ると山中さんが一点を見つめ固まっている。

視線を追うと下り坂の終わり際、向かって右側に野池がある。背の高い草木に囲まれた水面は、

月明りも飲み込んでしまうほど真っ黒でなんとも言えない陰鬱な雰囲気を醸し出していた。

その野池のすぐ横にある細い一本道、つまりこれから二人が通る道の上に、大人くらいの黒い影がゆらゆらと揺れており、まるで二人を待ち構えているようだった。

もし冷静な判断ができたのならば、踵《きびす》を返して、来た道を戻っていたであろう。でも、この日はそうなれない出来事があまりにも多かった。それに二人には、その場で恐怖し、呆然とする時間はもうない。

「突っ切んぞ」

そう山中さんが呟いた。

「せやな」と言う谷さんの返事をきっかけに二人は力いっぱいペダルを踏み込み、そのまま全力で下り坂を駆け下りた。

道の先は野池に沿って右方向に鋭くカーブしている。そんなことはもう気にしていられない。それは「逃げる」というより「体当たり」に近かったそうだ。

二人はなおも全速力で黒い影に近づいていく、接触寸前で二人は左右に分かれた。その時だった。


にゃぁあああああああああ!!!

二人が黒い影のぎりぎりを左右から通り抜ける瞬間、けたたましい声がその場に鳴り響いた。

とっさに急停止し、振り返る二人。

「なんやあれ……」

黒い影、それは大きな大きな猫に見えたそうだ。

谷さんと山中さん、二人の少年が全速力でその場を後にした事は言うまでもないが、次の日の朝、「悪がき四人衆」は校門前に集まり、猫の遺体があった場所に膝をつき、手を合わせたそうだ。

「あれ以来、僕ね、ほんまに猫が大嫌いなんですよ」

谷さんが経営する喫茶店、カウンターで僕に珈琲を出しながら谷さんは言った。子どもの頃にそんな体験をしたなら無理もないと思う。

それがきっかけなのかどうか分からないが、谷さんはそれ以降も不思議な体験をたくさんしているという。

「でもね。ウエダさん見てよ」

「かわいいでしょ？」

そう言いながら、突然、谷さんが僕にスマートフォンの画面を見せてきた。

猫がいる。
谷さんは今、猫を飼っている。

村のトンネル

谷さんからもう一つ、とても興味深い話を聞いた。

彼が二十代前半のある時、早朝から祖母の暮らす村までバイクで向かった事があった。というのも、祖母はここ数日、著しく体調を崩しており、少年時代から「おばあちゃん子」だった谷さんは知らせを聞いてすぐに自宅を飛び出した。

祖母の住まいは峠をいくつか越えた深い山村の奥に位置する。道中にはいくつもヘアピンカーブが重なり、大変危険な山道であったが、「ばあちゃん、ばあちゃん、俺のこと待っててや！」そう呟きながら、谷さんは猛スピードで先を急いだ。

ガラガラガラ！と勢いよく扉を開けたのは昼前だった。

寝室へ急ぐと、祖母が落ち着いた様子で眠っていた。

「よかった」「ばあちゃん来たで」

ほっとしながら祖母に小さく声を掛ける姿を見て、親戚の人達が優しく労ってくれた。

それから居間で親戚達と談笑していると、ついつい話に花が咲いた。気がつけば窓ガラスの向こうでゆっくりと日が落ちるのが見える。

「俺、バイクやからそろそろ帰るわな！」

そう言いながら居間を出ると、最後に祖母の寝室へと向かった。

「ばあちゃん、俺そろそろ帰るわ」「また来るからな」

そう優しく声を掛けて部屋から出ようとすると、目を覚ました祖母が小さく手招きした。

口元に少し耳を近づけると、

「じじきつくからきをつけや」


か細い声でそう言ったが、よく分からない。

「ばあちゃんなんて？」と今一度尋ねてみる。もう一度、さんはバイクで帰路についた。

「じじきつくからきをつけや」

そう聞こえたが、やっぱりよく分からない。

ただ、体調の優れない祖母に何度も同じことを聞くのは申し訳ない気がした。

辛うじて聞き取れる「きをつけや」の部分を拾い、「分かった、気をつけるわな」と返事し、谷さんはバイクで帰路についた。

それからしばらく走っていると、正面に古いトンネルが見えてきた。

行きしなも走り抜けたそのトンネルの入口付近、見慣れないものが突然、彼の視界に飛び込んだ。

「着物」「小柄」「白髪」

みすぼらしい姿の老人が、冷えたアスファルトの上で土下座をしている。それを見て思わず「え？」と呟いた時だった。

老人は皺だらけの顔面を持ち上げ、谷さんに向かって〝にっこり〟微笑んだ。

次の瞬間、ががががっとハンドルが固定されビクともしなくなった。

「おい、どないなってんねん！」「動かへんがな！」

このまま行くとトンネル内は僅かにカーブしている。

谷さんは混乱しながら必死にブレーキを掛けた。

それから数秒後、なんとかバイクを止めることができた谷さんは思わず背後に視線を向けた。

あの老人はもう居なかった。

肩で息を切らしながら、バイクを押してトンネルから出る時、どういう訳か先程聞いた祖母の言葉が頭の中で反芻し始めた。


「じじきつくからきをつけや」

「じじきつくから気をつけや」

「ジジきつくから気をつけや」

「ジジイきつくから気をつけや」


「ジジイ抱きつくから気をつけや」


あれは愛する孫への必死の警告だった。

谷さんの祖母はこの山村の奥地で生まれ育った。だから知っていたのかも知れない。

そこを通る者に時折危害を加えるモノが存在がする。

その理由や動機は分からない。だがその村のトンネルには、なにかいる。

三重の海岸で

昨年冬、出演させて頂いた怪談ライブの終演後、北森さんという男性が僕に声を掛けてくれた。彼は僕と同じ奈良県出身という事もあり、所謂〝地元トーク〟で大変に盛り上がった。

ここで少し脱線し、読者の皆様に一つ質問をしようと思う。皆様が生まれ育った街には「子ども会」なるコミュニティはあっただろうか？

「子ども会」とは同じ地域で暮らす子ども達と、その保護者達で構成される寄り合いで、年に数回、日帰り旅行をしたり、クリスマス会をしたり地域の親睦を深める為の集まりの事を言う。

北森さんは小学生の時、その「子ども会」の行事で三重県のとある海岸まで海水浴に出かけた。

当然のことではあるが、奈良県は四方を山で囲まれているため海がない。そのような盆地の街で暮らす北森さんにとって、海へ連れて行って貰う事はとても新鮮な出来事であり、前日の晩から楽しみで楽しみで仕方がなかった。

そして当日、朝早くから保護者のお父さんが運転する車で海水浴場へ向かい、到着するやいなや、早速水着に着替え、皆で海に向かって一目散に駆け出した。その日は休日という事もあってか、浜辺はたくさんの海水浴客で賑わっており、初めて嗅ぐ潮風の香りと、ＢＢＱの香ばしい香りが北村さんの鼻腔を通り抜けた。

実際に泳いでみると、普段のプールや川とは様子が異なった。これも当然と言えばそうだが、海水のため比較的簡単に体が浮かぶ。そして波があるため、進んだり戻ったりの繰り返し。奈良からやって来た少年少女達はそれも含めて海を満喫していた。

ところが愉快でない事も一つあった。

それは皆で泳いでいる時のこと。水の底からなにかが伸びており、それらが足に絡みついて離さないのだ。気を抜くとそのまま〝ぐぐぐっ〟と海の底へ引きずり込まれそうになる。

「なんやこれは」と思いながら、北森さんが〝ちゃぷん〟と水に顔をつけた時、眼下の光景に驚いた。

今、自分達が泳いでいる真下、海底に大量の昆布やワカメ等が生い茂っており、まるでこちらに向かって触手を伸ばすが如く揺らめいていたのだった。

海藻類に足を取られないよう気をつけながら遊んでいると、しばらくして友達の一人が「沖まで競争しよう！」と提案した。その言葉を聞いて一斉に沖へと泳ぎ出す子ども達。北森さんも遅れを取るまいと必死に泳いだが、突然〝ぬっ〟と得体の知れないモノが目前に現れた。

「なんやねん！」と驚きながら見ると、それは先端の尖った細い木の板だったそうだ。

大きさは自分と同じくらい、つまり人間の子ども程の大きさであるが、北森さんが右方向へ旋回すると右へ、左方向へ旋回すると左へ、彼の行く手を執拗に阻んだ。

気味が悪いというより、苛立ちの方が強かった。

北森さんはどうにか避けようと今度は大回りを試みたが、その〝木の板〟は尖った先端を大蛇の頭部のようにこちらに向け、彼の背後を追い掛け回した。

あまりの執拗さに興を削がれてしまった北森さんが、「もうえええわ」と岸に向かって引き返した次の瞬間、〝木の板〟は先端を〝ぐるんっ！〟と180度転回、沖に向かってにょろにょろと泳ぎ出した。それはまるで、次の獲物を探し、漁るようだったという。

その去り姿を見た時、北森さんは水面から飛び上がりそうな程に驚いた。

板の表面に、墨汁で「南無阿弥陀仏」と書かれているではないか。

彼の事を執拗に通せん坊し、背後について回ったのは、墓地やお寺に建てられている「卒塔婆《そとば》」であった。

北森さんはそのまま呆然と海を眺めたという。

小学生が海で卒塔婆に追い掛けられた。

そんな話を聞かせて貰った僕は、三重県の海、伊勢湾に深く魅了され、毎週末、車で出かけるようになっていた。この美しい海で不思議なことが起こったと思うと感慨深いものがある。

伊勢湾ではこれまでに様々なことが起こった。

例えば、一九五五年七月二八日、中河原海岸にて津市の中学校に通う女子生徒三十六人が水泳訓練の最中、この水域独自の環境下で発生した波に攫われ溺死するという水難事故。これを機に全国の学校ではプールが設置されるようになった。

その四年後、一九五九年九月二六日、巨大な台風15号が伊勢湾を襲った。後に「伊勢湾台風」と呼ばれるこの厄災は死者・行方不明者五千名を超える甚大な被害をもたらした。

この悲劇的な二つの出来事を、今回の話に結び付けたい訳では決してない。

ただし広大な海の奥底、長い年月の中で産声を上げた数多の念、彼らがなんらかの化身となり僕達の前に姿を現すことがあるかも知れない。

北森さんの話を拝聴し、僕はそんな風に感じた。

さめはは

昨年の夏頃、関東のあるお寺で怪談イベントの仕事があった。

昼間は子ども達に向けた怪談会、夜は大人のお客様に向けた怪談会、生まれ育った関西以外では初めての独演会ということもあり数日前から大変緊張していたが、結果から言うとイベントは無事に成功した。

その手応えからか、少し興奮状態にいた僕は「まだ誰かに怪談を聞いて欲しい」「誰か聞いてくれる人はいないか」普段ならイベントの本番中以外、殆ど感じないような、そんな気持ちを抑えつつ最寄り駅に向かって歩いていた。

「そうや、タクシーに乗ろう。それで、運転手さんに話でもしよか」

なんて他人様に迷惑な思いつきだろうか。気がつくと僕は国道に向かって右手を高く上げていた。

数分後、一台のタクシーが僕の目の前に止まった。

車内に乗り込む僕を迎えてくれたのは見たところ六十代前半くらいの優しそうな男性の運転手さんだった。その話しやすい雰囲気に甘えて僕は普段の活動のことを彼に話した。

すると運転手さん、興味を持って頂けたのか、僕の意図を汲んでくれたのか、それは分からないが、ミラー越しに僕を見ながら、

「期待に応えられなかったら申し訳ないけどね。あれは確か、僕が高校に行ってた頃だったかなぁ。あまり覚えてはいないんだけどね」

そんな風にして、ゆっくりと思い出すように話し始めた。ここからはその運転手さんを後藤さん(仮)と呼ぶことにする。

後藤さんは高校生の頃、ご両親から、一軒家の二階に自分の一人部屋を与えられていた。少し急な階段を上がってすぐ左にある、小さな部屋ではあったが、後藤さんなりにとても気に入っていたという。それはとある秋の晩の事だった。

後藤さんはいつものように畳に敷かれた布団で眠りについていた。

しばらくすると、〝ふんわっ〟と何者かが掛布団を大きくめくった。思わず薄目を開いて暗い部屋を見渡すが誰もいない。

「なんだよ……」

普通なら驚くような出来事だがその時は眠気が勝った。それに寝ぼけている。もう一度また布団を被り両目を閉じたが、しばらくするとまた同じように布団が大きくめくられる。合計にするとそれは三度も起こった。

その三度目のこと。

苛立ちながら布団を被ろうとした次の瞬間、

「うっ！」

貫くような胸の痛みが後藤さんを襲った。

それはどうも体の内側からではない、寝ている上からぐぐっとなにかに刺されているような、それも一つや二つじゃない、いくつものなにか。とにかくそれが皮膚に食い込んで激痛が止まらない。逃げたい、のたうち回りでもしたい。ところが全くと言って良いほど身体を動かす事ができない。必死に耐えていると、瞼の隙間になにかが見えた。

それは人の形をした青黒い影のようななにか。後藤さんの体の上でぼんやりと揺れている。

これも普通なら「薄気味悪い」と怖がれた事だろう。でも今はそれどころじゃない。胸が痛くて痛くて仕方がないのだ。正確には分からないが、それが何分も続いた。

止めどなく襲う痛みに耐えきれず叫び声を上げそうになった瞬間、まるで嘘のように痛みがすっと消え失せた。

錯綜する頭が次に思い出させたのは先ほどの青黒い人の影。後藤さんは思わず障子を開け、転がるように階段を駆け下りた。

「親父！　親父！」「聞いてくれ！　親父！」

一階で寝ている父親は表情のひきつった息子に乱暴に叩き起こされた。話を一通り聞くと、とりあえずといった様子で二階を見に上がった。

「お前なあ、ちょっと冷房、強すぎるぞ」

戻って来た父の言葉に後藤さんは拍子抜けした。ところがよくよく考えると、後藤さん、冷房なんて入れた記憶がとんとない。それにその晩はここ数日に比べてとても涼しかった。

「冷房、ついてなかったわ」

「ただな、お前の部屋、やけに寒いな」

もう一度部屋の様子を見に行った父が深く首を傾げたが、辛い思いをしたであろう息子を気遣い、自分の隣にもう一枚布団を敷いてくれた。

そのまま朝を迎え、学校の友人に昨晩の一件を話したが、皆が皆、笑うばかりで誰も信じてはくれなかった。

「そりゃそうだよな」

肩を落としながら帰宅し、玄関の扉を開くと、いつもの急な階段の上、自分の部屋の障子が目に入った。

昨日のことがある。階段を一段上がるごとに跳ねるような心音が大きくなるのを感じた。

部屋の前に立ち障子に手を掛けた時、覚悟を決めたという。深く息を飲んで〝ざっ〟と障子を開けた。

結果から言うと異変らしい異変はなにもなかった。

「なんだ、気のせいじゃないか」

一瞬はそう感じたが、もう一度室内を見渡した時に後藤さんの目は畳に敷かれたままの布団に釘付けになった。

それはほんの一部、大きさにすると十五センチから二十センチくらいだろうか、こんもりと盛り上がっている箇所が一つあるのだ。

先程よりもはるかに大きな心音を感じながら、今度はゆっくりと布団をめくった。

「えっ」

後藤さんは思わず小さな声を出した。

そこにあったのは〝サメの骨格標本のミニチュア〟。骨格標本と言ってもサメの全身ではなく上顎と下顎だけのシンプルな品物。しかしながら少しでも触れれば指を切りそうな程の鋭い歯がぎっしりと生えている。

このミニチュアは確かに後藤さんの持ち物で、人から貰った物だった。普段はガラス扉のついた高い棚の奥にしまってある。

これを彼に贈ってくれた、とある人物の顔が脳裏に浮かぶと後藤さんはその場で膝を抱え、ただ震えた。


話は更に数年前、後藤さんが中学二年生の夏休みに遡る。

小さな頃から海外の生活や英語に興味があった後藤さんは、両親に頼み込んで数週間アメリカにホームステイさせて貰うことになった。

異国の小さな田舎町で彼を迎え入れてくれたのは仲の良い四人家族。お父さん、お母さん、同じ年くらいの兄、小学校低学年の妹といった家族構成で、後藤さん自身の明るい性格もあってすぐに打ち解ける事ができた。短い期間で美味しい食べ物をたくさん食べさせてもらったり、色々な観光地に連れて行ってもらったり、アメリカでの生活をこれでもかと堪能できたのだが、彼の肌が真っ黒に焼ける頃には日本へ帰国する日が迫っていた。

「だったら最後にリョウジ（後藤さんの下の名）と水族館に行きたいな」

そんな兄妹の提案で、車で少し離れた水族館へ向かうことになった。

受付でチケットを買って館内に入ると生き生きと泳ぐ海の生き物達が彼らを出迎えた。

「あの魚かわいいね」「あれはなんていうクラゲだろう？」

すっかり上手になった英語で皆と話していると、あっと言う間に最後の一日が過ぎた。

次の日の朝早く、お父さんが運転する車で空港まで送ってもらうと、お母さんから「プレゼントに」と小さな箱を手渡された。

開けるとそこにはサメの骨格標本、水族館の土産物屋で後藤さんが見ているのを知ってこっそりとお母さんが買ってくれていたのだ。

思わぬプレゼントに驚いた後藤さんに、お母さんは英語で次のように繰り返した。何度も何度も繰り返した。

「リョウジ、あなたが日本に帰るのがとても寂しい」

「必ず、手紙を出しておくれ、分かったね」

「約束だからね、リョウジ」

後藤さんは「分かったよ」と返事し、寂しさを押し殺しながらお世話になったご家族に別れを告げ、ジャンボジェット機に揺られながら日本へと帰国した。

それから数日後、夏休みも終わり、徐々に日々の生活が戻ると、後藤さんは翌年に迫る高校受験で頭がいっぱいになっていた。

そんな彼のところに一通の封筒が届いた。送り主の名前を見た途端、彼は自分の失敗に気づいたという。

送り主はあのホームステイ先でお世話になったお母さんからで、

「リョウジ、元気にしている?」

「手紙を待ってるからね」

英語でそんなような事が書かれていた。

「しまった……」

受験の事に頭がいっぱいで手紙を出す約束をすっかり失念していたのだ。

「さぁなにを書こうかな」「まずは謝らないとな」

そんなことをグズグズと考えているうちに、またあのお母さんから手紙が届いた。

「リョウジ、元気にしている？」

「手紙が来ないけどなにかあったの？」

そう書かれているが、人間は物事を催促されると途端に手が付けにくくなる。

進路について不安の多い中学生ならばなおの事だろう。よって、また返事を書けずにいた。


数日後、三通目の封筒が届いた。開封するとそこには、

「どうして手紙をよこさないの!!」

白い便箋いっぱいに真っ赤なインク、英語で殴り書きされていた。

脂汗がいっぺんに噴き出した。もうどうしていいか分からない。

後藤さんはそれを見て以降、あのアメリカの四人家族について、特にお母さんの事は考えないようにした。

ところが追い打ちを掛けるように数日後に四通目が届いた。

「どうしよう……」

「なにが書いてあるんだろう……」

後藤さんは小さな体を震わせてゆっくり封筒を開けた。思わず「はっ」と息を飲んだ。

中に入っていたのはぐしゃぐしゃの白紙一枚だけだった。

それから手紙が来ることは二度となかった。

忘れたかった。少しでも思い出せば全身の毛が逆立つ。

その後の彼は、なにかに憑かれたように受験勉強に取り組んだ。無事に志望校へ入学しても止まらない、狂ったように勉学に励んだ。それが自分自身の心を守る唯一の方法だった。


なんとか忘れかけていた。

でも今、彼の目の前にはあるのは、しまったはずのサメの骨格標本。

それだけじゃない。まるでそれは意思でも持ったように、両顎から伸びた無数の歯を布団に深く深く食い込ませていた。それを見て後藤さんは震え続けるしかできなかったそうだ。

「そんな怒りますかね？　ただ手紙を出さんかっただけでしょ？」

「そんなんで怒るなや！　ねえ？」

重苦しい空気が漂うタクシーの車内、一連の出来事を聞いた僕は、その場を和ませたくて冗談っぽく大きな声で言った(今思うと少し無神経だった)。

「さあどうだろう」「思い出したくなかったな」

僕にそう返事をする後藤さん。ハンドルを握るその手が僅かに震えているように感じた。

解説

怪談の季節

田中俊行

『夏の思い出』ほか夏にまつわる四篇。怪談の季節はなぜ夏なのか。

エアコンなどない時代、寄席では暑さを忘れさせようと怪談噺が流行したという。しかし怪談で本当に体温が下がるのだろうか。サーモグラフィを使って実験したことがあるが、体温は逆に上がってしまった。ヒヤッとするのは、あくまで体感のようだ。

先祖の霊が帰ってくる、お盆があるせいかもしれない。だとすれば日本に限った話になるが、そもそも怪談は日本にしかない文化だ。海外ではホラーで、ジャンルが異なる。

夏は怪奇現象に遭いやすいといわれるのにも理由がある。

逢魔時という言葉がある。夕方から夜にかけての時間帯のことで、黄昏《たそがれ》時ともいう。真っ暗ではないが、誰とすれ違ったかもはっきりしない（誰《た》そ彼《かれ》）ほどの薄闇に、魔物をみるという。その逢魔時が一年でもっとも長くなるのが夏なのだ。

山や海の近くでは霧もよく発生するが、これも関係がありそうだ。一寸先もみえない霧の中に、なにかいる。魑魅魍魎《ちみもうりょう》とは、山や川にかかる霧を化け物とみて表した言葉だという。

富田安洋

とみたやすひろ…身長一九一㎝、関西出身、本業は不動産屋。「百件以上事故物件を内覧した不動産屋怪談師」として様々なイベントやメディアで活動中。関西最大級の怪談イベント「心斎橋怪談ナイト」のオーガナイザーも務める。

怪《かい》現《げん》象《しょう》

伍

中古物件

私は、普段怪談師の活動をしているが、本職は不動産業を営んでおり、仕事柄のせいか様々な物件に纏わる話がたくさん集まってくる。

しかし自分でも一度だけ奇妙な物件に遭遇したことがある。


私は、賃貸物件の仲介業をメインにしているのだが、稀に売買物件も対応している。

四年前、友人の紹介で新婚のご夫婦の新居探しを任されることになった。戸建ての広い物件を探されており、新築ではなかなか条件が合わず、最終的に中古物件の購入に切り替えた。いくつか候補をリストアップして週末に内覧に行くことになった。

当日ご夫婦と合流して、その日は四件の物件に足を運んだ。その四件目の物件での出来事。愛知県の中心部から車で約一時間ほど行った場所にある物件だ。

築五十年ほどだが最近オーナーが耐震工事をしたにも拘わらず破格で、想定される内装リフォームの費用を合わせてもご夫婦の予算以内だったので私は内心ここで決まるかな？と思っていた。

物件に着いた途端唖然とした。管理会社から取り寄せた資料の写真とは全く違い、あからさまに何かが出そうな不気味な物件だ。しかし、管理会社からは、特に心理的瑕疵物件との情報の共有はなかったので、とりあえず中に入ることにした。玄関の引き戸を開けると真っ暗で、ブレーカーをオンにして照明を点けても薄暗い。

靴を脱ぎ廊下を進むと左側に八畳ほどの和室があった。ご主人は内装を見て「レトロな感じでいいですねー」と言うが奥様は一言も発さず、和室の中に入り奥にある押し入れの前まで行って襖に手をかけた。

襖を開けた途端、家中に奥様の叫び声が響いた。

私とご主人が慌てて奥様の方に向かうと右の襖が開いていて、その前で奥様が腰を抜かして地面に座り込んでいた。何があったのか分からず開いた襖の中に目をやると、異様なものがそこにあった。押し入れの上段に真っ黒な仏壇が置かれており、観音開きの扉が閉ざされた状態でそのまわりを長いチェーンでグルグル巻きにされていたのだ。異様すぎてさすがの私も声が出た。

ご主人がその襖を閉めようとしたところ、かみ合わせが悪かったのか反対側の左の襖が開いた。

ご主人が叫び声を上げた。

私と奥様は、その叫び声に驚きながらも襖の中が気になり覗き込むと、押し入れの奥に遺影が三枚額縁に入った状態で立てかけられていた。

それを見た瞬間奥様は再び大きな声を上げて「もう帰る！　早く出よ！」と言って和室を飛び出し玄関とは真逆の奥の洗面所の方に走り出した。私とご主人で奥様を追いかけ洗面所の前でしゃがみ込んでいる奥様を見つけ、なんとか玄関まで連れていき物件を後にした。

車の中で、「富田さんあの家なんですか？」とご主人に聞かれた。私も管理会社からあのような物があるなんて一切聞いていなかったのでありのまま話した。

ご主人が奥様に「なんであの時玄関じゃなくて奥に走ったの？」と聞くと奥様は、「あっち（洗面所）の方向が光っていて、こっちだよこっちだよって声がしたから出口だと思った」と言いだした。私もご主人もそんな光や声などは見えなかったし聞こえなかったので二人で首をかしげた。

結局後日ご夫婦は、三件目の比較的に築年数が新しい物件をご購入された。

それ以降あの物件がどうしても気になり色々調べてみることにした。

管理会社の担当者と連絡を取り先方の事務所の近くにある喫茶店で今回の内覧で見たもの、起きたこと全て洗いざらい話をした。すると担当者は溜息を吐きながら話してくれた。

物件を所有する男性は、現在アメリカ在住でどうしてもこの物件を手放したいと躍起になっているそうだ。男性は元々母子家庭で、祖父母の家であるあの家に住んでいた。彼が高校生の時に祖父がとある新興宗教団体に入り急に人が変わったという。その宗教団体の教えでほかの宗教は邪教と位置付けて仏壇をチェーンでグルグル巻きにしたらしい。

それから家の中でおかしなことが起き始めたらしく、男性が二十五歳の頃祖父があの押し入れの右側下段で亡くなっているのが発見された。死因は不明で体を丸めながら亡くなっており司法解剖をするも変死扱いとなった、後を追うように祖母は急病で家の洗面台前でお亡くなりになられた。

立て続けに祖父母が亡くなり母親が精神的に病み、「ごめんなさいごめんなさいごめんなさい」と襖に向かって叫ぶようになったという。それを見かねた男性は海外転勤に母親も連れていき、それ以降はあの物件には帰っていないそうだ。早く手放したいと耐震補強をし、例の仏壇と遺影は解体も考えたそうだが何か良くないことが起こるかもと考え解体しなかった。残置物として購入された方で処分をしてほしいという特別な条件を設けたという。

たしかに物件の概要書には、小さな字で残置物ありとだけ記載されていた。正直管理会社も仏壇と遺影があれば絶対に買い手が見つからないと、当時の担当者が処分しようと試みたがその作業中に不可解な現象が起き、そのままその担当者は退職して行方を晦《くら》ましたという。それ以降あの物件には、よっぽどなことがない限り近寄るなと管理会社内では暗黙の了解だそうだ。

その物件は今でも売りに出ており、最近見たら価格が更に下がっていたが買い手はなかなか見つかっていないようだ。

まさかこのような物件に出くわすとは思っておらず、初めて物件所有者の背景を聞いて怖く、悲しい気持ちになった。

この一件以降私は、売買物件は一切触らず賃貸仲介のみ扱っている。

見えない出てこない

名古屋市在住のレイカさんという二十代の女性から取材した話。

名古屋市内にT山という山がある。昔からいろいろ謎が多い場所で、山のいたるところに古墳があり誰が入ってるのか不明だったり、丑三つ時に肝試しで訪れた若者が五寸釘を打つ音を聞いたり、実際に五寸釘を打っている女性を見つけてしまって追いかけられたりと、噂が絶えない場所だ。

普段この山は、夜景スポットとして有名で夜になると若者たちがドライブで訪れたり、日中は、山頂にある神社までの参道が人気のウォーキングコースで多くの人が利用する場所なのだが、その神社までの参道を夜中に訪れると、途中で分かれ道が現れて心霊スポットに行けるという。

ある夜零時頃、レイカさんは、友人と六人でT山に肝試しに行った。

山の麓にある駐車場に車を止めて降りると辺りは真っ暗。自分たちの車以外一台も車は止まっておらず、「今日は、貸し切りだね」と友人が言った。山道を十分ほど登っていく途中、例の分かれ道にさしかかり一行はそちらの道を進んだ。

すると一人の友人が、地面に落ちている古いボロボロに錆びたオレンジジュースの空き缶を見つけ「めちゃくちゃ古いなこれ……」そう言うと突然その空き缶を蹴り飛ばした。空き缶は宙を舞い崖のほうから谷底に消えていった。崖ぶちに近寄ってスマホの明かりを照らすがあまりに深い谷なので光は谷底に届かず唯々暗闇が続いていた。かなり遅れて遠いところで「カーンッッ」と音が鳴り響いた。

空き缶を蹴り飛ばした本人が「心霊スポットよりこの崖のほうが怖くない？　落ちたら死ぬやん」と言い出し危ないので先に進んだ。

更に十五分程進むと少し開けた場所にたどり着いた。

すると前方の右隅に異様な光景を目にした。小学校の授業で使う学習机が無造作に置かれており、机の上に何かが乗っているのが見えた。近づいて確認すると机の上に未開封のお菓子の袋や缶詰などが山積みにされていた。まるでお供えでもされているようだが、辺りを見渡しても御神体と呼べそうなものなど見当たらない。それもそのはず、お参りするなら山頂の神社に行くはずだからこんな場所に来るはずがない。

レイカさんは、その机の引き出しがどうしても気になり覗き込んだ。するとA4サイズのノートが入っている。手に取り、中身を見ていくと……。

「ここのお陰で主人の暴力がなくなりました。ありがとうございます」

「学校に行かない息子が行くようになりました。ありがとうございます」

「身体の調子が良くないのですがどうにかできませんか？」

どのページにも感謝の言葉やお願い事などがノートいっぱいに書き記されている。開いたノートの隙間から一枚の紙のようなものが地面に落ち、ライトを当てて拾い上げてみると、かなり昔に撮影されたであろうモノクロの小学生の集合写真だった。

「なにこれ？」とまじまじとその写真を食い入るように見ていたら、最前列の男の子の膝に成人男性の顔のようなものが写っていた。明らかに心霊写真だった。その瞬間レイカさんは、驚いて咄嗟に写真を裏返すと……。

ジョレイオネガイシマス

と、油性マジックで大きく書かれていた。

それを見たレイカさんは突然大声を出して走り出し、それに釣られて全員がパニックになり一行は下山した。

麓の駐車場に着き、気持ちを落ち着かせようと思い自動販売機でジュースを買い飲みながら友人たちに写真のことを話していると、男の友人が「俺エンジンかけてくるわ」と言い車の方に小走りしていった。暫くすると、先程エンジンをかけに行った友人の叫び声が駐車場に響いた。

レイカさんたちは慌てて叫び声の方に向かうと友人が車の前で立ちすくみガタガタと震えていた。「どうしたの!?」と声をかけるとその友人が「見て見て見て見て」と指をある方向に向けながら言ってきた。彼が指を差す方向に目線をやると……。

車のボンネットの上に、山頂で谷底に蹴り飛ばしたはずの、古いボロボロに錆びたオレンジジュースの空き缶がポツンと置かれていた。自分たち以外この駐車場に車は止まっていなかったし、誰もいない。ましてや駐車場の自動販売機には、そんな古いジュースなど売られていなかった。一体誰が置いたのか理解ができない、そんな体験だった。

数年後レイカさんはＴ山での体験を思い出しＧｏｏｇｌｅアースで現場を見てみた。レイカさんたちが空き缶を蹴り飛ばした山頂の崖の方角とあの日車を止めた駐車場は正反対の場所だった。生きた人間にできるわけがない。

その出来事以降レイカさんは、Ｔ山に足を踏み入れていない。

この話を取材してから数日後、私は実際にＴ山に現場調査に行くことにした。レイカさんが体験してから数年がたっているが今も残っているのだろうかと思い山道を歩いていると、レイカさんから聞いた分かれ道を発見した。進んでいくと実際に少し開けた場所があった。そこにはもう勉強机はなかったが、ある木の根元付近に、あの勉強机のものと思われる鉄製の脚の部分が落ちていた。それ以上は何も見つからなかった。

あの写真とノートが見つかるまでは調査を続けようと心に決めた。

プロ金縛リスト

怪談の取材でよく利用するイタリアンダイニングバーがある。店内はネオンライトで装飾されていて俗にいう映えるお店だ。怪談とは程遠いそんなお店で私は、とんでもない人と知り合ってしまった。

彼の名は青山という。そのダイニングバーの雇われシェフで幼少の頃から不思議な体験が多かったらしく、そんな彼は初対面で自らを「プロ金縛リスト」だと自称しだしたのである。

聞き馴染みのないそのフレーズで一瞬時が止まったように感じたのは言うまでもない。私は咄嗟に「プロ金縛リストって何なんですか？　そんなに金縛りの話があるんですか？」と聞くと、彼は金縛りの話だけで三十話ほどだと言い放った。その瞬間私の取材魂に火がつき明け方まで彼の体験を聞きまくったのだ。

今から十年ほど前、青山さんはとあるアパートの二階にある角部屋に住んでいて、その日は休みでリビングに置いているソファーに仰向けで寝転びながら好きな漫画を読んでいると、家の外から犬が吠える声が聞こえた。誰かが犬の散歩中なんだと特に気を止めるわけでもなく漫画を読み進めていると、仰向けに寝転んで漫画を頭上に掲げた状態で突然金縛りにあったという。

全く状況を理解できずしばらく様子を窺っていると、自室の玄関先から「ワンワンワン」とさっき近所を散歩していたであろうあの犬の鳴き声が聞こえ始めた。青山さんのアパートはペット禁止でもちろん飼ってなどいない。ましてや玄関の戸締りはちゃんとしていたはず。犬なんて勝手に入ってこれるわけがない。その犬の鳴き声は「ワンワンワン」と玄関から廊下に、段々中まで進行してきたというのだ。

すると犬の鳴き声は、リビングと面している寝室に移動していた。境目にある引き戸を隔てて明らかに青山さんに対して犬は吠え続ける。犬もだんだんギアが上がってきたのか狂暴になって吠え始めた。その瞬間引き戸が開く音が聞こえ「やばい！　犬が！　犬が！　くる！」と身構えた瞬間、狂暴に吠えながら全力でこちらに走ってくる音が聞こえ青山さんは何故か死を覚悟したという。

そのまま犬は、青山さんの胸元と持っている漫画の間にできたアーチの中を駆け抜けたという。駆け抜ける瞬間青山さんは必死に目を見開いてその犬を見ようとしたが生ぬるい風と吠える声だけが通り過ぎた。その瞬間青山さんは脳内で「いっ……犬ぅぅ！」と叫ぶと金縛りが解けた。

犬の霊の金縛りの話なんて正直聞いたことがない私は、青山さんに「ほんまですか⁇」と執拗に聞いてみた。

だが自称プロ金縛リストは私との目線を逸らさない。むしろ誇らしげな雰囲気を放ってきたのだ。続けて「他にその犬の霊と関係ありそうな話ってありますか？」と聞くと彼はこう語ってくれた。


犬の霊の金縛り以降、青山さんは犬と疎遠になっていったという。道端で犬と遭遇するとわざわざ遠回りをしたり、友人との集まりでも事前に犬を連れてくるのが分かるとキャンセルしたり可能な限り犬との接点を絶ってきたという。よっぽどトラウマになったのであろう。

そんな青山さんだが、とうとう犬と同じ空間にいる羽目になった。それは青山さんの叔母の自宅の庭で開催されたバーベキューに行った時に、事前の情報では叔母さんは犬を飼っていないと認識していたが丁度一週間前に保護施設から中型犬を引き取ってきたらしく、青山さんは犬を警戒しすぎて大好きな焼き肉の味がほぼしなかった。

しかしその中型犬は実に利口で主である叔母さんの足元でちょこんと座り一切こちらに近づいてこなかった。叔母さんが焼けた肉を犬に与え犬は喜んで肉を食べている。十枚近く食べたところでさすがに叔母さんが「ダメ！　もうおしまい！」と叱り犬も少し悲しそうな顔をしていた。それをまじまじ見ていた青山さんと犬の目が合った。その瞬間。

「もう一枚ぐらいいいがぁ」

と犬が尾張弁で喋ったという。突然のことで青山さんは取り乱し即帰宅した。それ以降犬の声は聞こえないが、未だに犬に抵抗があるらしい。


気が付くと私は、自称金縛りリストから先程の話以外にも一晩で金縛りの話だけで三十話取材することができた。ただあまりに金縛りの話ばかり聞いたので耳が他の話を欲しがっていた。興味本位で「金縛り以外に話ってありますか?」と聞くと青山さんは淡々と語り始めた。


今から十五年前に青山さんは愛知県の豊橋市に住んでいた。

ある晩寝ている時に夜中突然目が覚めたという。部屋も外も真っ暗で何時なのか確認しようと思い枕元に置いていた当時使っていたガラパゴス携帯に手をかけた瞬間、「ヌルッ」と嫌な感覚がした。とりあえず携帯を開き時間を確認したら朝の三時半。液晶の明かりで自分の手にヌルヌルの液体が纏わりついているのが見えた。手を大きく開くと指と指の間に水掻きのような膜が張っていたという。少し寝ぼけていたが完全に目が覚め夢でなくリアルだと気付いた途端、自分の頭上に黒い影が見えた。暗闇で何かは最初分からなかったが段々と目が慣れ始めその存在が何か判明した。大ウミガメだった。

ヒレが陸に生息する亀のようなゴツゴツしたものではなく、半円を描くような平らなヒレだったのでウミガメだと気付いた。しかもその大ウミガメは、青山さんの頭上に浮いていて青山さんに対して肛門を向けていたという。すると大ウミガメの肛門から時おりチラッと白いものが見え隠れする。次第にその白いものが見える間隔が短くなってきた。かなり軽快なリズムで見え隠れする。ようやく青山さんはその白い物体の正体も何か分かった。卵だった。

大ウミガメが自分の頭上で産卵しようとしていることに気が付いた。金縛りにはあっていなかったのでかわそうと思った瞬間、卵が出てくるのが分かった。間に合わないと悟った青山さんは被弾する覚悟をした。卵が落ちてくる零コンマ何秒か先にビチョビチョの液体が額に落ちてきて、その後卵が落ちてきて額で割れた。

気が付くと辺りは明るくなって、頭上にいた大ウミガメは姿を消していた。

枕元のガラパゴス携帯を手に取り時間を確認したら七時五十分。当時の職場は八時に家を出ないと間に合わない。慌てて仕事の用意をして洗面台で寝癖を直そうとした時鏡に映る自分の顔。明らかに前髪と額が白くカピカピになっていて夢じゃなかったとそこで理解した。

この話を聞いた瞬間私が「青山さん！　絶対それ嘘でしょ!?　何か関連する話とかないですか？」と食ってかかると彼は、「関連しているかは分からないけど」とまた語り始めた。

青山さんが住んでいた豊橋市に本宮神社というところがあり、そこには大ウミガメが祀られているという。

今から数百年前に当時豊橋で漁師をしていた男がいた。ある晩夢につるつるの頭に白く長い顎髭をした老人が現れて、こんなことを男に話した。

「私は神に仕えた亀だ。暖かく景色の良いこの地に移り住むことにした。私の身体は石となり明朝浜辺に打ち上げられるからその石を高台に運び神石として祀りなさい。村の守り神となろう」

翌朝その男が浜辺に行くと大きな亀の甲羅の形そっくりの石を発見し、それ以降今でも本宮神社にはお亀石として祀られており、民話として語り継がれているという。

「青山さん!!　産卵してきた亀絶対その亀じゃないですか！　最高ですその話！」

と早朝とは思えないようなテンションの私に青山さんはこう言い放った。

「俺その神社行ったことないんよなぁ」

完全に現実に引き戻された私は、「なんでその話したんッ!?」と早朝のビルに響く程の大きな声を出した。


その日以降しばらくそのダイニングバーに行かない期間があって、2カ月ぶりに訪ねる。

店内に入ると店の雰囲気がガラッと変わっていた。元はイタリアンダイニングバーだったはずなのだが……。

店内はカラフルなネオンの装飾となり、BGMはK―POP、どうやらコリアンダイニングバーに変わったらしい。

プロ金縛リストの青山さんの姿が見えない。カウンターにオーナーがいたので青山さんはお休みなのか?と聞いてみたらこう語ってくれた。

「青山なんだけどさー、勝手に店の高級シャンパンを質屋に入れて現金に換金して着服してて、それを追及したら飛んだんだよねー」

私は、驚いてキョトンとしてしまった。しかしある想像もしてしまい少し笑ってしまった。

自称プロ金縛リストの青山さん、高級シャンパンを現金に換金……。

「アルケミスト（錬金術師）じゃねえか……」

後輩社員

前職の会社に佐々木という女性の後輩社員がいる。怖い体験ないか？と聞いたら自身が体験した話をしてくれた。

彼女が大学一年生の時祖母が他界した。実家が福岡の由緒正しいお寺で通夜も告別式も実家で取り仕切られた。四十九日になり実家のお寺に親族が再度集まり、本堂では住職である父が木魚を叩きながらお経を唱え、その後ろに親族一同が並んで同じくお経を唱えている。

すると佐々木は、急にトイレに行きたくなり立ち上がり、本堂内のトイレに向かった。トイレに入った瞬間佐々木は意識を失い記憶が途切れた。

目が覚めると実家の自室のベッドの中にいた。時計を見たら夜八時、状況が全く理解できず、起きて一階のリビングに行くとお母さんが心配そうに近寄って「体調どう？　大丈夫？　大変だったんだよ？」とトイレに入った瞬間に意識を失った佐々木のその後の行動を教えてくれた。

ここからは佐々木のお母さんからの証言。

佐々木は、トイレから一同がいる本堂に戻ると自身がいた座布団を通り越し最前列でお経を唱える父の横にしゃがみ込み、すぐ傍にある経台に備えてある生前祖母が好きだった苺のパックに手をかけ突然素手で食べ始めた。あまりに突然のことでお経を唱える父も親族も唖然として次第にザワザワし始めると親族の中から「おばあちゃんだ！　おばあちゃんだ！」と声が上がった。素手で苺をつかみヘタも取らないまま口に放り込み、口の中でヘタを取って勢いよく床に吐き出す、その苺の食べ方が亡くなった祖母と瓜二つだった。その直後佐々木の体は力尽きたように畳に倒れ込んだ。

リビングで暖かいコーヒーを飲みながら母から事の一部始終を聞き、祖母が自分の身体を使って最後に大好物を食べたんだと思うと怖いという感覚は一切なく、むしろ嬉しい気持ちになった。

一年後、佐々木は祖母の一周忌で実家に帰省し、リビングのソファーに座りながらスマホを触っていたら、佐々木の向かい側にある出窓のカーテンがガサガサと動いた。最初は田舎なのでイタチやネズミが入り込んだのか？と思ったが、恐る恐る近寄りカーテンの端を掴み一気に開けると特に何もいない。自分の気のせいなのかと窓に目線をやると、ペラペラのフェルト生地でできた人形が窓に張り付いていて、その顔が明らかに亡くなった祖母だった。

あまりに怖くてキッチンにいる母の方に振り返りながら叫び、また目線を戻すと、もうあの人形はいなくなっていた。亡くなったはずの祖母はたしかに佐々木の身体を使って好物を食べ、悔いが残らぬように成仏したはずなのに、何故また現れたのか理解が全くできない。

最後に佐々木はこう話してくれた。

「たしかにあの人形の顔はおばあちゃんでしたが、雰囲気が禍々しい他の何かだったんです。もしかしたらおばあちゃんのフリをした別の何者かが私の家族に入り込もうとしてきたんじゃないですかね」

そんな佐々木だが先程の話以外にも体験があるという。今から四年ほど前、彼女が以前住んでいたマンションでの出来事だ。

当時住んでいたマンションは大阪市内にあり、十八畳のワンルームでかなり広い部屋だった。綺麗な物件でとても気に入っていたそうだ。デザイナーズ物件ということで内装も少しこじゃれていたのだが、珍しいことにベランダが隣と接しておらず完全に独立しており、床には避難用の梯子を通すハッチがあった。十階ということもあって下着なども気にせずベランダに干していたそうだ。

そんなある日、仕事が休みで一日中家で映画を見たりして過ごしていた。洗濯機が止まったのを確認するといつも通りベランダで服や下着を干した。それからまた映画を見ていたらつい居眠りをしてしまい、気付けば部屋は真っ暗。スマホの画面を見ると夜九時を回っていた。夕食も食べていないし干した洗濯物も取り込めていないことに気が付きとりあえず部屋の照明を点けた。

するとベランダの方から「パチンッ」と音が聞こえた。その音が何の音か一瞬で分かったそうだ。普段下着を干す時に使う洗濯バサミの音だった。

佐々木はベランダに下着泥棒がいると思いカーテンを勢いよく開けた。するとベランダの物干し竿の真下にヨレヨレのカッターシャツを着て下半身が真っ裸の中年のおじさんがしゃがみ込んでいて、佐々木のパンティを頭からかぶって佐々木のことをジッと見てきた。

佐々木はあまりにも怖すぎて一瞬固まったがふいに脳裏で変な想像をしてしまった。おじさんが自分のパンティをかぶっているその姿があまりに仮面ライ○ーに似ていたため無意識に「仮面ライ○ーだ」と小声でつぶやいたという。

その瞬間パンティを被ったおじさんは煙になって消え、ベランダの床には佐々木のパンティだけが残された。

その日以降佐々木の自宅では度々不思議な怪奇現象が起きるのだが、その話の全部が卑猥な要素を含み本書では書くことを断念せざるを得なかった。機会があればこの続きをいつか書き記したい。

解説

金縛りは霊現象か否か

何度も金縛りを繰り返す『プロ金縛りリスト』は僕も聞いたことがないケース。金縛り中にみた海亀が、近くにある神社と繋がる。それを後から知るというのも面白い。

人生で何回かしかないが、僕も最近怖い金縛りにあった。

寝ているとパッと目が覚めて、バチーン！と体が動かなくなった。そして自分の中になにかがぐわぁーっと入ってくる感じがする。こわーと思ってたら、バッと解けた。金縛り久しぶりやなーと思ってたら、バチーン！ってまた、ぐうぅーってなにかが入ってくる。こわいーってなって、解けて。すぐ三回目、ぐわぁーっときた。それもなんとか解けた。

その日はシンガポールから大量の呪物を持って帰ってきたのだった。荷物を解いて、事故死した女の子の脂の壺と、病死した女性の霊が入った小さい人骨の棺桶を二つ、並べていた。もしかしたらこれが原因かと、売ってもらった呪術師に連絡したら、

「普通のことだ、安心しろ。女の人の霊がお前に入り込もうとしているから、受け入れろ」

それらの呪物には、志半ばで亡くなった人と共に生きようという意味がある。だからお前に入ろうとしているという。

金縛りは心霊現象ではないといわれるが、霊的な金縛りは確かにあると思う。

田中俊行

チビル松村

ちびるまつむら…石川県金沢市出身。二〇一九年から怪談師としてイベントを中心に活動を開始。怪談の中でも不思議な話、変な話を好んで蒐集し、語る。二〇二三年からYouTubeチャンネル「おばけ座」を開始。主な出演はムー公式「ムー部」、「オカルトエンタメ大学」、「OKOWA」など。

奇《き》談《だん》蒐《しゅう》集《しゅう》

墓地に囲まれた保育園

関東に住む佐藤さんという女性が体験した話だ。

佐藤さんは十年前、埼玉県のとある保育園に勤めていた。

その保育園は墓地に囲まれるような土地に建っていて、建物の中には窓から見える風景が墓地だけの教室もあったそうだ。

佐藤さんの同僚がその教室で園児たちのお世話をしていたある日、先程までそれぞれ自由に遊んでいた園児たちが一斉に窓の方を向き、手を振り始めた。まだ会話も成り立たないような幼い子供たちしかいない教室で、一人取り残された同僚はただ怖がることしかできなかったと佐藤さんに話してくれたという。

その他にも、誰も触っていないおもちゃがひとりでに転がったり、壁に飾ってある装飾がいきなり全て剥がれ落ちたり、倉庫に立てかけて保管している体操マットが誰もいない時に不自然な向きに倒れたりと、不可解な出来事がよく起きており、職員は不気味がっていた。

ある日、佐藤さんは園長と二人で次の日の準備のために職員室で残業をしていた。作業は難航を極め、二人して息をつくことができたのは深夜のことだった。

その時、沈黙の続いていた職員室の外から突然人の声が聞こえ、顔を上げた佐藤さんと園長の目の前で職員室入り口のドアノブがカチャッという音とともに下がり、元の位置に戻った。

ドアは開かなかったが人の声はドアの向こうからまだ聞こえている。

「誰かいるのかしら」

佐藤さんと園長は恐る恐るドアの方へ移動し、ゆっくりとドアを開けると、先程まで聞こえていた声は聞こえず、真っ暗な廊下には誰の姿もなかった。

漢字テスト

多田さんという三十代の男性が体験した話だ。

多田さんが通っていた小学校では当時、こっくりさんがブームであった。十円玉を使用したものではなく、複数人で一本の鉛筆を持つというエンジェル様など別の降霊術に近いスタイルだ。しかし、多田さんの学校の生徒たちはそれをこっくりさんと呼んでいたという。

多田さんはこっくりさんを信じていなかった。周りの友達に合わせてこっくりさんに参加したりもしたが、誰かが動かしているのだろうと思っていた。

ある日の国語のテスト中、多田さんは分からない漢字の空欄の上で鉛筆の芯を下にして指先で芯の反対側の先を摘み、心の中で、

「こっくりさんこっくりさんこの漢字はどう書くのですか」

と質問してみた。信じてはいなかったが、問題の漢字がどうしても分からず、藁にもすがる思いであった。

すると鉛筆は多田さんの目の前でひとりでに動き出し、多田さんの知らない漢字を書き出したという。鉛筆がひとりでに書いた字はミミズのような汚い字だった。そのため多田さんはそれを消しゴムで消し、同じ字を枠内に書き直し、提出したという。

後日返却されたテストには○がついていた。

「本当に知らない漢字だったんだぜ」

多田さんは未だに自分でも信じられないという素振りで言った。

ギャルとUMA

大阪に住む神田さんという女性が体験した話だ。神田さんはいかにもギャルといった見た目のギャルである。

神田さんが夕方、駅から自宅に向かって歩いていた時のことだった。自宅が遠く正面に見える真っ直ぐな道に差しかかると、その自宅の屋根をぼんやり眺めながら帰るのが習慣になっていた。

しかし、その日は見慣れているはずの屋根に初めて見る何かがいた。距離があるため細かくは確認できなかったが、確かにそれは人の形をしていた。神田さんの家の屋根の上で直立し、こちらを向いているように見えた。

次の瞬間、その人型は神田さんの見ている前で宙に浮き、そのまま上空に向かって垂直に飛び去っていった。

「あれは絶対フライングヒューマノイドやった」

神田さんははっきりとそれをフライングヒューマノイドだと言い切った。今、ギャルの世界でもUMAはアツいようだ。

浮いている

高知県でカフェを営む三浦さんという女性が体験した話だ。

今から五十年前、三浦さんは高知市内の高校に通う学生だった。ある日の夕方、三浦さんは友人と二人で電車に乗り家の最寄駅である後免《ごめん》駅へと向かっていた。五十年前は今よりも建物が少なく、移動する電車の外には夕日で真っ赤に染められた田園風景と山々が広がっていた。

なんとなくその景色を眺めていた三浦さんは窓の外に不思議な光景を目にする。夕日に染まる畑の中に、着物を着たおばあさんが座布団に正座したまま一・五メートルほど宙に浮いていたのだ。

自分の目を疑った。三浦さんは夕日で何かが反射して、そのように見えたのだと思った。もう一度確かめようとしたが確かに見えたはずのおばあさんはおらず、電車の外はどこまでも広がる田畑があるだけだった。

何かの見間違いか、疲れている自分が見た幻覚だと思いながらも、三浦さんは今見たものを隣に座っている友人に話した。

「私も見た……」

二人は同じものを見ていたのだ。

目

佐々木さんという女性が体験した話だ。

二十代前半の頃、佐々木さんは当時付き合っていた彼氏と冬の富士山へドライブに行った。雪の影響か交通規制がかかっている箇所がいくつかあったが、若かった佐々木さんたちは交通規制を無視して車を走らせた。進んだ先で車を路上に止め、二人は誰もいない場所で雪遊びをした。

しばらくして車に戻ったが、そこでバッテリーがあがってしまっていることに気がついた。正確には覚えていないが、ライトの消し忘れのような些細なミスだったという。今いる場所は交通規制がかかっていて他の車は走っていない。暖房のつかない車内では暖を取ることができず、二人の体温はどんどん下がり、このまま死んでしまうのではないかと思ったそうだ。

そんな時、たまたま一台のトラックが近くを通りかかるのが見え、二人は慌てて車を降りて助けを求めた。事情を説明すると屈強なドライバーはトラックから降りて二人の乗った車を押して助けてくれた。車は坂道をするすると下り始め、次第にバッテリーも復活し、帰路に着くことができた。

帰り道、佐々木さんは後ろから何かに見られているような妙な気配を感じ、おそるおそるバックミラーを覗き見た。

そこには緑色の大きな目が映り込んでいた。

気配は気のせいではなかった。すぐに目を逸らし、佐々木さんは霊感があるという祖母に電話をし相談することにした。

妙な気配はまだ続いている。

すぐに電話を取った祖母は、事情を説明して怯える佐々木さんに対し、

「あんた何か、山のもの持ってきてないか?」

と聞いてきた。佐々木さんはさっきの緑色の目が見えてしまうのではないかと怯えつつも、恐る恐る後部座席を振り返った。

そこには先程佐々木さんが不思議な魅力に惹かれ持って帰ろうとした葉っぱがあった。そのことを祖母に伝えると「それをすぐに捨てろ」と言われ、彼氏に車を止めてもらい、ドアを開けその葉っぱをそっと道の端に置いて車に戻った。

再び道を走り出した車に妙な気配はなくなっており、バックミラーにも何も映り込んでいなかったという。

線香の香り

東京に住む松田さんという女性が体験した話だ。

松田さんは当時妊娠中であった。

ある日、自分が暮らすマンションの部屋の中に線香の香りが漂っていることに気がついた。部屋の中で線香は焚いていなかった。外から香っていると思った松田さんは窓を閉めた。

するとその線香の香りは部屋の中でよりいっそう強く濃くなった。むしろ窓を開けている時よりも閉めている時の方が線香の香りは強く、はっきりと漂ってくる。

不思議に思った松田さんは母親や親戚と電話をした際にそのことを話した。しかし母親も親戚も同様に気のせいだと真剣に取り合ってはくれなかった。その後も線香の香りは三日間松田さんの住むマンションの部屋の中に漂い続け、次第に薄れていった。

それからしばらく経ったある日、松田さんは母親から叔父が事故で亡くなっていたことを知らされた。

松田さんの実家がある地域では妊婦を葬式に参列させない風習があり、母親や親戚は松田さんに対し叔父さんの事故のことを隠していた。

松田さんの部屋に漂った線香の香りは、亡くなった叔父が挨拶に来たことを知らせていたのだろうと母親は言った。

割れない

東京に住む田代さんという男性が体験した話だ。

田代さんの父親が亡くなった時、田代さんの弟が実家の玄関で何か困っている様子だった。田代さんが声をかけると弟は「割れないんだ、これ」と二重にしたビニール袋の中に入った亡くなった父親の茶碗を見せてきた。葬儀が終わり、故人の使っていた茶碗を割ろうとしていたのだった。

弟はその後も、玄関前の地面に何度もビニール袋に入った茶碗を叩きつけていた。しかし陶器の茶碗は不思議と弟が何度地面に叩きつけても割れる様子がなかった。

みかねた田代さんはビニール袋を奪い取り、弟が見ている側で力いっぱい地面に叩きつけた。

「痛っ」

茶碗が割れた。しかし割れた茶碗の破片がビニール袋を突き破り田代さんの手を切り裂いていた。

故人の茶碗を割る行為は、「この世にはもうあなたが使う茶碗はありません。戻ってきても、もうご飯は食べられませんよ。だからあの世へ安らかに旅立っていってくださいね」ということを故人に伝える風習だ。

「親父、まだあの世に行きたくなかったんだろうなあ」

田代さんは面倒臭そうに言った。

小さなカマイタチ

加藤さんというバーの店長の男性が体験した話だ。

加藤さんが小学生の頃、山田くんという真面目な性格の友人がいた。

三年生のある授業中のことである。

「痛い！」

突然山田くんが自分の手を押さえながら叫んだ。

静かな教室に響き渡る突然の叫び声に先生や周りの生徒は山田くんに注目した。山田くんが押さえている手は何かに切り裂かれたように傷ついており、傷口からは血が出ていた。先生の指示で山田くんは保健室に行った。

保健室で治療を受けた後の休み時間、山田くんの周りには同じクラスの生徒たちが集まった。一斉に質問を投げかける皆に山田くんは、

「机の中に手を入れたら何かに切りつけられた」

と説明した。本人も何が起きたか分からない様子だった。

それから何度か山田くんは授業中や休み時間に「痛い！」と叫び机の中で手に切り傷を作った。先生は山田くんの使用する机に問題があると思い、入念に確認をしていた。しかし、机の中にはそれらしきものは見つからなかった。

その後、席替えや学年が上がっていくにつれて山田くんの使用する机は別のものに変更されたが、別の机になっても山田くんは時々、机の中で手に切り傷を作った。その不思議な現象は山田くんが五年生の頃まで続き、六年生になるとぴたりと止んだ。

山田くんは当時、「俺の机の中にはカマイタチがいる」と話していたという。

誰

東京に住む竹田さんという男性が体験した話だ。

今から十五年ほど前、竹田さんは会社の同僚とともに五人で伊豆のとある旅館に宿泊していた。旅館では大きな部屋を一つ予約し、五人横並びの布団で寝たという。次の日は早朝から川に行きラフティングを行う予定だったため早めに消灯し床に就いた。

夜中、竹田さんは不審な気配を感じ暗い部屋の中で目を覚ました。竹田さんは目を開けてすぐ、仰向けで寝ている自分の頭上に誰かが立っていることに気がついた。暗い部屋の中では、その誰かは黒い影にしか見えなかった。

竹田さんは一瞬驚いたが、部屋にいる自分以外の誰かがトイレにでも行こうとして立ったのだろうと、気にせず再び眠りについたという。

次の日の朝、朝日が入り込み明るくなった部屋の中で同僚の一人が、

「昨日の夜、消灯したあと部屋の中をウロウロしてたの誰？」

とぼやいた。

別の同僚が、

「真っ暗な部屋でテレビつけて見てたやつもいたよな」

と答えた。

竹田さんも昨晩、自分の頭上に誰かが立っていたことを話した。

ちょっとした犯人探しが始まった。しかしそこにいた五人全員が朝まで一度も布団から離れていないと話したのだ。

帰宅音

武蔵村山にある山下さんの実家で起きる不思議な現象の話だ。

家に山下さんや家族の誰かがいる時、チャイムも鳴らさず突然、玄関の扉が開く「ガチャッ、キィー」という音が家の中に響く。外に出かけている家族のうちの誰かが帰ってきたのだと思い、その時家にいる山下さんや別の家族が「おかえりー」と玄関の方に向かって声をかける。

反応がない。不思議に思い玄関を覗き込むとそこには誰もいない。開いたはずの玄関の扉も閉まっているのだ。

しかし、その玄関の音が鳴った後は必ず、すぐ後に家族の誰かが本当に帰ってくる。

「家族の誰かが帰ってくる前に、先に帰ってきた音だけがするんです」

山下さんは怖がりながら話す。こうした現象は時々だが、今も続いているという。

憑依体質

東京に住む日下さんという男性が体験した話だ。

日下さんがまだ高校生の頃、当時付き合っていた彼女の実家に遊びに行くことになった。彼女の部屋で二人で談笑していると、彼女の妹が憑依体質だという話で盛り上がったという。

彼女は憑依体質の妹を自分たちがいる部屋に連れてきた。無理矢理連れてこられた妹に対して日下さんは、憑依体質とはどんなものなのかと根掘り葉掘り質問した。妹はそれに面倒臭そうに答える。

すると突然、妹が猫背になり「あ、憑いた」と言った。驚く日下さんの横で彼女も驚いていた。

妹は日下さんに対して、猫背になった自分の首の後ろの空間を指差しながら、

「ここ、ここ、触ってみて、冷たいから」

と日下さんに向かって言った。日下さんは恐る恐る妹が指差す空間に手をかざしてみた。確かに冷たかった。その空間だけ冷蔵庫の中のように空気が冷たいのだ。日下さんは少しの間、手で冷たい空気を感じていた。

するとその冷たい空気は日下さんの手から手首、そして腕、肘と日下さんの方にゆっくりと移動してきたのだ。日下さんは怖くなり声も出せず、動けなかった。

すると妹が素早い動きで、日下さんの腕にある冷たい空気を両手で包み込むように掴み、

「ごめん、ごめん、戻すね」

と言いながら、掴んだ冷たい空気を自分の首の後ろに戻し、背負い込むように再び姿勢を猫背にした。

老夫婦

東京に住む真田さんという男性が体験した話だ。

真田さんは広告代理店に勤めている。今から十年ほど前、ＣＭの撮影でタイに出張した時のことだ。

撮影が長引いてしまい、制作会社のスタッフとともにホテルに帰り着く頃には深夜になっていた。宿泊する部屋があるフロアまでエレベーターで上がり廊下を歩いていると、正面から自分たちの方に向かって歩いてくる二人組が見えた。日本人らしき老夫婦だった。

老夫婦は二人並んでゆっくりと廊下を無言で歩いている。そのまま真田さんたちとすれ違い、振り返ると階段を上っていったのが分かった。

「結構遅い時間だったから不思議には思ったんだよね」

深夜、静まり返った廊下ですれ違った老夫婦に違和感を覚えたと真田さんは話す。

次の日の朝、撮影の続きを行うため真田さんたちは部屋を出た先の廊下で待ち合わせをしていた。

その時、真田さんは昨晩からなんとなく気になっていた老夫婦が上っていった階段を確認することにした。

老夫婦が歩いていった先にあったその階段は、通行禁止の札がかけられ、チェーンで封鎖されていた。後から合流した現地のスタッフに階段のことを確認すると、階段の先はどうやら屋上らしい。

真田さんは今でもあの時すれ違った無言の老夫婦のことを時々思い出すのだという。

落書きされた石

東京に住む飯田さんという男性が体験した話だ。

飯田さんはコンシェルジュが常駐する高級タワーマンションに住んでいる。高層階に位置する部屋から見える東京の夜景は飯田さんの自慢だった。

ある日の朝、飯田さんはいつものようにカーテンを開け、部屋の中に日の光を入れようとした。するとベランダに何か見覚えのないものがあることに気づく。窓を開けベランダに出て確認すると、それが石であることが分かった。

手のひらサイズの石には子供がマジックで描いたであろう、人の顔のような落書きがあった。隣の部屋の子供がいたずらに投げ入れたのであろう。飯田さんは特に気にせず、その石をベランダの端に寄せて部屋に戻った。

次の日の朝も飯田さんはいつものようにカーテンを開け、部屋の中に日の光を入れようとした。ベランダにはまた石が投げ入れられており、数も二、三個と増えていた。その石にもそれぞれ子供が描いたであろう、人の顔らしき落書きがあった。

ご近所トラブルは避けたかったが、このまま毎日石が増えていくと困る。飯田さんはコンシェルジュに相談した。しかし、飯田さんの隣には誰も住んでいないとコンシェルジュは言った。そんなはずはないと飯田さんはベランダに出て、身を乗り出すようにして隣の部屋を確かめた。

そこにはカーテンすら設置されていない空っぽの部屋があった。そして、そのベランダには数えきれない無数の石が散らばっており、石にはそれぞれ人の顔らしき落書きがあった。

飯田さんは怖くなり自分のベランダの石を隣の部屋に投げ入れ、再びコンシェルジュに相談した。石はコンシェルジュによって処理され、それ以降その石を見ることはなくなったが、原因は未だに不明だという。

美咲マンション

高知県に住む美咲さんという五十代女性が体験した話だ。

美咲さんの家族は今から四十年ほど前まで、毎年家族で自家用のバスに乗り、車中泊をしながら富士山へ旅行に行くのが恒例の行事であった。現在はバス旅行を企画していた父が亡くなってしまったこともあり、行われなくなったのだという。

ある年の旅行で富士の樹海を見に行こうという企画が家族の中で立ち上がった。さまざまな場所を巡ってきたが樹海だけはまだ行ったことがなかったのだ。

家族を乗せたバスは父の運転で樹海を目指す。旅行中は常にビデオカメラで家族の様子が撮影されていたという。

樹海に到着すると道の端にバスを止め、美咲さん家族は一斉にバスを降りて樹海の中に足を踏み入れようとした。しかしそこは木々が生い茂り、人が通れるような道はなく不法投棄された家電製品やおもちゃが不気味な雰囲気を漂わせていた。

「帰ろう」

美咲さんはそう言った。

結局樹海には入ることなくバスに戻り、別の目的地へ早めに移動することになった。樹海からバスに戻った時、ビデオカメラを車内に置きっぱなしにしていたことに気がついた。

その後バス旅行は何の問題も起きず、美咲さんの家族は楽しい時間を過ごし、高知県にある一家が管理するマンションまで帰ってきた。

バス旅行からしばらく経ったある日、旅行中ずっと回していたビデオカメラの映像を家族揃って鑑賞していた。これも恒例の行事だという。その時に初めて、樹海に行った際、バスの車内に置きっぱなしにしていたビデオカメラの電源が入ったままになっていたことを知った。

ビデオカメラはバスの車内から樹海へ向かう美咲さん家族の背中を映していた。映像は家族の一人一人がそれぞれ自由に樹海の手前をうろうろしながら樹海の中や手前にある不法投棄された家電製品などを眺め、少ししてからバスの中に戻るというものだった。しかしその映像には奇妙なものが映り込んでいたのだ。

樹海の手前をうろうろする美咲さんの家族の奥、樹海の中の木々の隙間を二メートルもあろう真っ白い人影がゆらりゆらりと左右に移動していたのだ。しかし、美咲さんの家族は誰も樹海の中にそのような人影は見ていなかった。

美咲さん家族はその映像をとても不気味に思った。しかし、これも一つの思い出としてビデオは美咲さん宅に丁寧に保管されたという。

美咲さんの家族の管理するマンションは一風変わった構造をしており、度々インターネットやテレビなど各種メディアで取り上げられている。

ある時、取材に来たテレビ局のディレクターが富士の樹海の話をインタビューで聞き出し、興味があるから実際のビデオを見せてくれと言ってきた。美咲さんは保管されているビデオを取り出し、テレビに接続し白い人影が映り込んだ部分を再生した。

しかし、そこには当時家族が皆で見たはずの白い人影は映っていなかったそうだ。

吠える場所

東京に住む池松さんという女性が体験した話だ。

池松さんの実家では小型犬を飼っている。名前をソラという。

ソラがまだ池松さんの実家に迎え入れられたばかりの頃の話だ。家にも慣れ、トイレもすぐに覚えたソラだったが、一つだけ池松さんの家族が不思議に思う行動を繰り返していた。それは、ソラがリビングのある一点に向かって吠え続けてしまうことだった。本来ならすぐに吠えないように躾《しつ》けるべきだったが、池松さんの家族には気になることがあった。

ソラが池松さんの実家に迎え入れられる前、池松さんの実家には別の犬がいた。その犬には生前池松さんの家の中でお気に入りの場所があった。それは家族がよく集まるリビングの端っこだ。

ソラが吠えているその一点は、前飼っていた犬のお気に入りの場所だったのだ。

それからしばらく経った現在、別段躾けをした訳でもないが、ソラはその場所に向かって吠えることはなくなったのだという。

ねんねんこ

大阪に住む木村さんという男性が体験した話だ。

木村さんがまだ幼稚園児だった頃、ピンク色の小さなブランケットがお気に入りで〝ねんねんこ〟という名前をつけていつも肌身離さず持っていたという。トイレに行く時も、お風呂に入る時も持っていこうとしてよく母親を困らせたそうだ。

ある時、木村さんの家族は海外旅行に行くことになった。木村さんの母親は旅行中の木村さんのお世話の邪魔になるからとねんねんこを家に置いていくことを提案した。当然木村さんは猛反発。しかし母親は小さな木村さん相手にねんねんこと旅行を天秤にかけさせ、木村さんはやむをえずねんねんこを置いていくことにした。

「旅行中の思い出よりも、ねんねんこが恋しかった気持ちの方が強かったのを今も覚えているなあ」

木村さんは当時を思い出しながら言った。

旅行から帰ってきた木村さんは自宅マンションの入り口に到着し、母親に家の鍵を渡してもらい両親を置き去りにして一目散に玄関のドアに向かって走った。すぐにでもねんねんこに会いたかったのだ。

ドアを開けるとリビングの真ん中にねんねんこが見えた。ねんねんこは扇風機のようなものに掛かっているようで、ちょうど自分の身長と同じくらいに立ち上がった形になっていた。

靴を脱ぎ木村さんはリビングに向かって両手を思いっきり広げ走った。そしてその勢いのままねんねんこに抱きつこうとした。

しかしねんねんこは木村さんが抱きつく直前にクシャリと床へ落ちた。そこにはねんねんこが掛けられるようなものは何もなかった。

ねんねんこはひとりでに立ち上がっていたのである。

シェイプシフター

東京に住む田村さんという女性が体験した話だ。

田村さんは幼少期、親の仕事の都合でベルリンに住んでいた。ベルリンの家は変わった構造をしており、一つの建物が二階と一階の半分、一階のもう半分と地下で分かれており、田村さんの家族は一階の半分と地下の方に住んでいた。

ある日、田村さんはお腹が空いたので自分の部屋からキッチンで料理をする母親のところへと向かっていた。母親はキッチンから美味しそうな香りを漂わせながらせっせと夕飯の準備をしていた。その母親越しに窓から見える敷地と道路を隔てる塀に、白い手がかかるのが見えた。とても綺麗な手だったという。

その手は塀を乗り越えこちらに侵入しようとしているように見えた。そのことを母親に伝え、もう一度田村さんは母親と一緒に窓の外の塀の部分を確認したが、そこには誰もいなかった。見間違いだと言われ、母親は真剣に取り合ってくれなかった。しかし田村さんはその時すでに、その手の主が自分の家の中に侵入してしまったという気がしたという。

そこから田村さんの住む家では不可解な現象が起こりはじめた。

ある日、田村さんが自分の部屋のベッドでくつろいでいると、開け放たれたドアから廊下をドタドタと騒がしい音を立てながら走り回っている弟の姿が見えた。

「うるさいっ」

田村さんは弟に向かって強い口調で言った。しかしドタドタと走り回る弟は止まらなかった。しばらくして弟の姿が見えなくなった頃、田村さんはベッドから立ち上がり、弟の部屋へ向かった。部屋のドアを開け、そこでゲームをしている弟に向かって廊下を走り回るなと怒った。しかし弟はキョトンとした顔で、ずっと部屋でゲームをしていたと言ったのだ。

また別の日、田村さんはリビングで父親とともにテレビを見ていた。すると突然田村さんの前に座ってテレビを見ていた父親が前方にある階段の方に向かって田村さんの名前を呼び、

「もうすぐご飯だから下りてきなさい」

と言ったのだ。田村さんは困惑しながら父親に話しかけた。父親は驚いた顔で、

「今、お前階段を上っていかなかったか」

と聞いてきた。父親には階段を駆け上がる田村さんの姿が見えたという。

別の日、田村さんの母親はいつものようにキッチンで料理をしていた。傍にはずっと田村さんの気配があったという。母親は田村さんがご飯が待ちきれず近くまで来たのだと思っていた。

気配のする方を覗くとそこには誰もいなかったそうだ。

「あの日、塀を乗り越え家の中に入ってきた何かは、家の中で誰かのふりをしながらずっとどこかに潜んでいたの」

田村さんは怖がりながら話してくれた。

解説

みえる人みえない人

田中俊行

　霊感や怪奇現象については科学的な分析が進んでもいるが、みえる・みえないは一種の才能だと思っている。みえない人にはずっとみえないし、その才能があればみたくなくてもみえてしまう。みえない人がみようとするなら、それなりの修行が必要だ。

　僕の友人は〝みえない人〟だったが、どうしてもみたくて日本全国あらゆる心霊スポットに通い、心霊サイトやサークルでの活動を続け、二十年かけて異世界に近づいて、ようやくみることができたと言っていた。念願のそれは家にネグリジェ姿で現れた女だったというが、その頃には彼にも家庭があり、子供を含めた家族全員がその女をみてしまい、さすがに怖くなって心霊活動を一切やめたらしい。

　みるために大事なのは、普段からそれを意識することだ。心霊現象は脳でみるともいわれる。いつもとはすこしチャンネルを変えて生活をしだしたら、これまで気づかなかった不思議がみつかると思う。

　事実、僕自身まったく霊感がないのだが、こういう世界に入っていくと、やっぱりたまに、なにかあるのだ。

ワダ

わだ…一九八六年生まれ、京都府在住。建築設計施工の傍ら実話怪談蒐集と語りのライブ、ネット配信を行う。ラジオ番組で二つ名を頂き、「怪談大好き建築家のワダ」として活動中。YouTubeチャンネル「おばけ座」のメンバー。本作が初の共著作品となる。

化《ばけ》物《もの》考《こう》

闇虎

ジョウ君は憧れていた動物園に就職する事ができた。草食獣の飼育部署に配属され、大好きな動物と過ごす日々がとにかく楽しくて、担当外であってもお気に入りの動物に関しては個体と名称を早々に暗記するなどとても充実した日々を過ごしていたという。

そんな彼が仕事に慣れてきた時の事である。

この日も業務を終え静まり返った園内を歩き事務手続きを済ませて、ロッカーへと向かう。着替えながら夕食の事を考える。大体は帰り道にあるスーパーの弁当になりがちだが、自炊しないとなという後めたさが毎度の事ながら脳裏に一瞬チラつく。リュックを背負い退園し、従業員用駐車場へ向かう。山の脇にある駐車場は電灯が少なくいつも薄暗くて不気味だった。

キーをポケットから取り出しロックを解除すると車のヘッドライトがピカピカと点灯し僅かながら暗闇を照らした。車へ乗り込み、ふー。と一息つくと携帯をいじってから帰る。ここまでが彼の退勤ルーティーンであった。ＳＮＳを一通りチェックしそろそろ帰ろうかと思ったその時だった。

ぐおおおおぉぉぉ！

近くで獣の鳴き声がした。驚いて辺りを見渡すが暗くて何も見えない。声から察するにそれは正しく虎のものだった。

虎が脱走している！

初めて遭遇するアクシデントに身の危険を感じ体が強張ったが、大事件になりかねないこの事態に慎重に対応すべく気を取り直し、個体目視を行おうと必死で周囲を見渡した。しかし、どこにも虎の姿は確認できず、焦りだけが募る。


ぐおおおおぉぉぉぉ！


また鳴き声があり、すぐさまその発生源を睨《にら》む。電灯の奥、木の茂み辺りで何か黒い影のようなものが蠢いているのが辛うじて確認できた。細部までは見えないが大きさから察するに確かにそれは虎であった。

おいおいおいおい……。まじか。

言いようのない緊張感が薄暗い駐車場を覆う。闇より出るその影は、のそっ。のそっ。とゆっくり一歩ずつこちらへ近づいてきた。強張った背中を丸めじっと闇の中を凝視していた。すると、電灯の灯下、光の端にその右足が見えた。

虎だ。間違いなく虎の足だ。

携帯を握り締め息を呑む。顔を見ればどの個体が脱走したのか分かる。連絡はそれからだ。


のそっ。のそっ。


ゆっくりとこちらへ迫ってくるにつれ少しずつ虎の身体が灯下に晒されていく。

え……？

虎の顔が照らされようとしたその時だった。長い髪の毛が虎の動きに合わせてゆらゆらと動いているのが見えた。

こいつ女の首を咥えている……！

緊張は一瞬にして恐怖へと変わった。目の前で人間の首を咥えた虎が野放しになっている！　その首は真っ白な肌で長い髪を振り乱し、目を見開き無表情で虚空を眺めていた。その光景に戦慄し体が動かなかった。

のそっ。のそっ。

虎の歩みは止まらず、遂に闇の中から灯下へと全身が晒された。

はっ!?

想定外の姿に思わずジョウ君は声を上げてしまった。

その虎には顔がなかったのだ。代わりに、顔があるであろう位置に女の首があった。

光の当たり方で最初は首を咥えていると見間違えたが、全身がしっかり見える今ははっきりと確認できる。確かに、髪の長い女の顔をした虎がそこには居たのだ。そして、直感的にそれがとてつもなく危険な存在だと感じ、急いでエンジンをかけ振り向く事なく全速力で車を出したのだという。

翌日。

いつもの様に出勤すると、園内が騒がしい。妙な胸騒ぎを覚え状況を確認してみると、園内の虎が一匹死んでいたようだった。更に、死亡時刻と女の首の虎と遭遇した時刻が一致していたという。

あれは一体……?

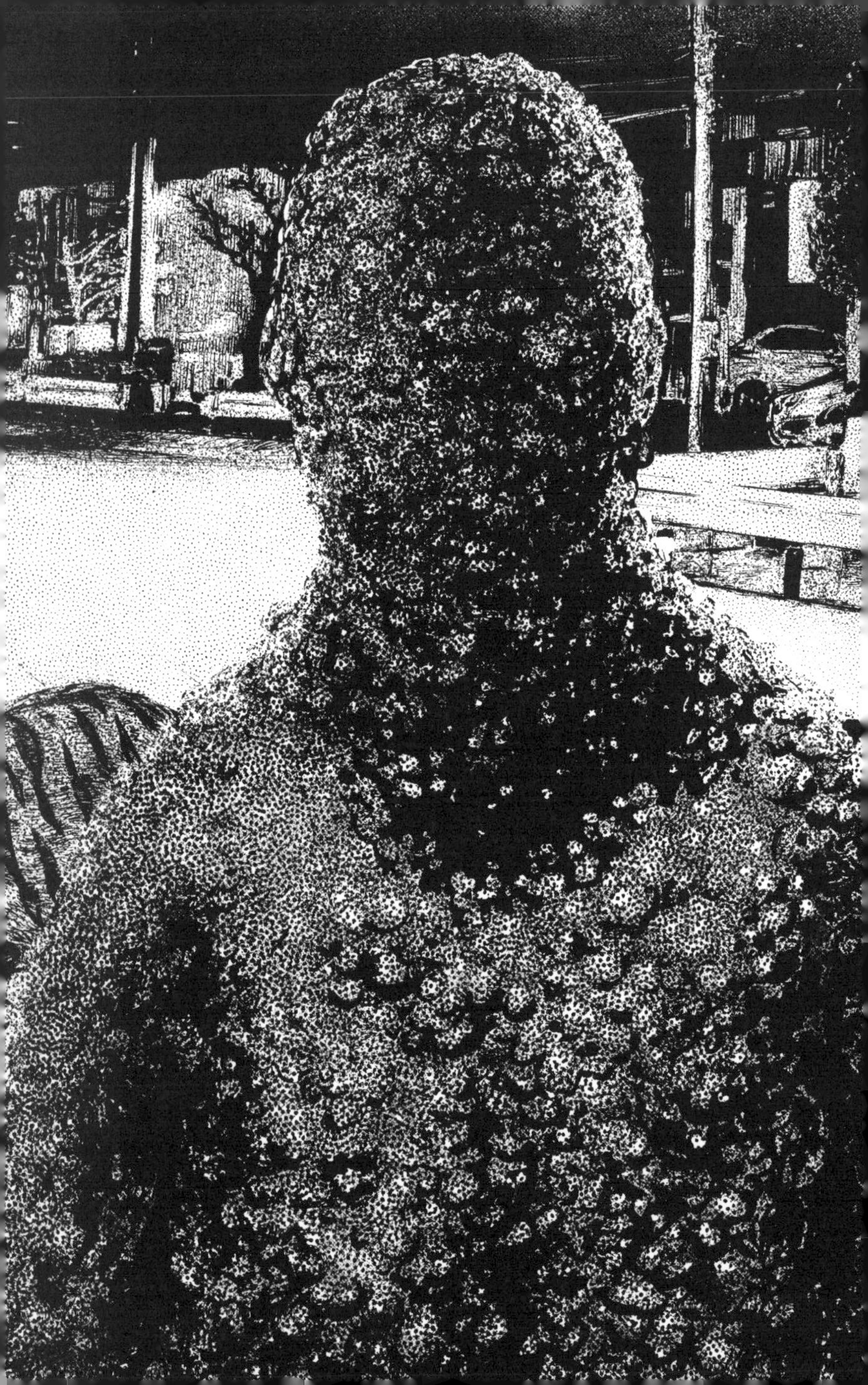

彼は青ざめた顔で虎の亡骸を見つめることしかできなかった。外傷はなく、心臓麻痺や老衰の類と診断が下ったそうだ。すると、彼の表情を見兼ねたのか世話好きの上司が声をかけてきた。

「お前、こういうの初めてだったよな？　分かるよ。俺も最初はだいぶ堪えたよ」

上司とは入社以来の付き合いで何でも相談できる仲だったが、流石に昨日の出来事を話す気にはなれず「そうですね。キツいですね……」としか返す事ができなかった。


それから、半年ほど経った頃の事である。飲みの席で最古参の管理人から女の首の虎について話を聞く事ができた。

どうやらあれは、度々園内に出現するらしく、目撃された日には決まって虎が死んでいるのだという。それがいつから現れどういうものなのかは全く分からないが、よくないものであるのは確かだという。

それから虎の死亡事件はなく、あの日以降女の首の虎を見ることはないそうだ。

アキさんはある山間の小さな集落に代々暮らす一族の元に生まれ、幼少期から山の暮らしを慈しむように育ったのだと話してくれた。そんな彼女も今では都内住まいで長らく故郷へは戻っていないのだという。

彼女が幼少期の頃である。夏休みの午後、従姉と祖母とで散歩へ出かける事になった。真夏の強い陽射しを樹木が遮り木洩れ陽が射している。近くに川が流れて水の音が微かに聞こえていたせいか嫌な暑さは感じなかった。真夏と言えど気持ちの良い田舎の自然風景があった。

いつもの近所を散策し、見慣れた風景の中を歩いて、アスファルト舗装された道へ出た。車が離合できるほどの道幅があり両側は自然林となっている。そこで見慣れないものを目にしたという。

「お姉ちゃん！　なに!?　これ！」

「ほんとだ！　なにこれー！」

全長60センチほどの何かの動物のミイラだったという。しかし、この自然環境で死骸がこのような状態まで保存されることは絶対になく、故に、初めての光景であったのだと話してくれた。

木乃伊

全体的に茶褐色であり、それは余程の歳月を経た様相を示していた。よく見ると頭部はネコ科の動物のような骨格で体毛は失われていた。特に奇妙だったのは〝甲羅〟である。胴体に〝甲羅〟があり、亀のようにそこから頭部と四肢が生えていた。更に四肢には肘や膝といわれるような関節部位が確認でき、見た事のない未知の生物みを漂わせていた。

「おばあちゃんこれってなに⁉」

アキさんは溢れんばかりの好奇心から嬉々として祖母に尋ねた。

「……あ〜、それ、猫。猫よ。猫」

祖母は暑かったのか面倒そうに答えた。

「え？　甲羅のある猫っているの⁉」

二人は声を揃えた。

「猫よ。猫。はいはい。行くよ〜」

そう言って歩み出そうとする祖母を引き留め二人の少女は謎のミイラの観察を継続した。うつ伏せの体勢で地面に伏していたので甲羅の裏側の腹の部分はどうなっているのかと騒ぎ立て、素手でそれに触れようとした瞬間に制止される。

「だめ！　汚いから絶対にそんなもの触ってはだめよ！」

「ごめんなさい！　じゃあ、棒で……」

端に落ちていた枝を拾い裏返してみたところ、亀のような形体だったが保存状態の問題かとても乾燥していて細部についてはよく分からなかった。

「はいー。猫。猫。行くよー」

相変わらず祖母は一切の関心を示さずにそそくさと歩き出した。少女らは入念に観察したい思いを堪えその場を後にしたのだった。

従姉は、その体験を「甲羅のあるねこを見ました」というタイトルで夏休みの絵日記にしたそうだ。幼いながらデッサンされた可愛らしい「甲羅のあるねこ」の挿絵が何とも愛くるしかったと語ってくれた。


そのすぐ後の事である。夏休みが明け、いつものように下校後アキさんの屋敷で従姉と遊んでいた。

「あの甲羅のある猫って一体何だったんだろうね〜。次の日にはもう居なくなってたよ」

「あんな生き物見たことないし不思議だね〜」

「……。それは、何の話をしているんだ？」

縁側に通りがかった祖父が妙な顔つきで話しかけてきたので、この夏彼女らが体験した出来事を嬉しそうに伝えた。すると、予想外の大変奇妙な返答が返ってきたのだという。

「……そうか、それは〝リュウキ〟だな。うちらの所は〝占い〟やってたから九州から来たのだろう。しかし、まぁ、昔は日本に〝リュウキ〟が居たけど、もうおらんなったからな」

半分独り言のような語り口調で言い放ち居間の方へと去って行った。当時の彼女らは何を言っているのかさっぱり理解できなかったのだという。

「こういうオチもないよく分からない話なのですが、こんなんでも怪談になりますかね……？」

アキさんは照れ笑いを浮かべながら話してくれた。

実話怪談はこのように映画のようなオチがつかない話が多い。多くのものが一つの現象を観測したに過ぎず、「起・承」辺りで尻切れ蜻蛉《とんぼ》となっている。しかしそこに余白があり、ああではないか、こうではないか、と聞き手によって多様な楽しみ方ができる余地があるのではないかと筆者は先人達から習った。大いに賛同する。一つの話を如何様《いかよう》に楽しむのか聞き手に委ねるという構造はとても奥が深く、知識が深まるにつれその解釈はより物語をその深層へと導くのだ。

しかし、それは第三者による仮説であり実話とされた物語に新たな観測点を示し暗闇の先を照らす行為に過ぎず、真相に迫ったとは言えない。故に真相ではなく深層の闇を覗き見る事しかできないのだ。我々の理を逸脱した怪異を扱う実話怪談に於いて、いくら考察をしても真実を探求する事はほとんど不可能なのである。だが、時として物語を構成している欠けたピースを補うような事柄に出会うことはある。それが真実か否かを確証する術はなく仮説に過ぎないのだがそれでも、言いようのない因果を感じる時があるのだ。

ここからは、筆者の取材ノートをもとに仮説を立てこの話の謎に迫りたい。尚、読みやすくする為に原文より時系列や誤字の修正などを加えている。

―筆者取材ノートより―

謎のミイラを見た話／体験者：アキさん（仮名・30代）／〇〇地方△集落／19XX年8月に体験／2019年10月18日20時33分より取材開始

―考察―

話の中で奇妙なのが、謎のミイラと祖父の最後の言葉である。アキさん達に心当たりは全くなかったようだ。因果関係を探るため構成要素を整理する。

【ミイラ】

ネコ科の動物のような頭部。甲羅があり、四肢には関節のようなものがある。全長六十センチほどで、相当乾燥しており全体的に茶褐色であった。生物であれば死後、相当の時間が経っておりどのような環境で保存されればこうなるのか。その形状から河童のような印象を受けた。又は何者かが偽造したミイラ説など。

【リュウキ】

聞き慣れない言葉であったが、ミイラの形状から調べてみるとそっくりなものが出てきた。

龍亀—中国ではロングイと読み、古代中国の四大瑞獣（ずいじゅう）の一角である。瑞獣とは瑞兆として姿を現すとされる何らかの特異な特徴を持つ動物。その中でも龍亀は龍と霊亀の特性を有し、龍の頭に亀の体を持つ。そして亀は千年長寿であり未来を予知する力が宿るとされている。

祖父は龍亀（ロングイ）を〝リュウキ〟と読み当てていたのか？

【占い】

アキさんの一族は古く家系図が残るような家であったが親族に聞いても占いをやっていた人間は

居なかった。この地域にある土着的な占いか何かの事を指しているのか？　龍亀の事から亀を使うものを見つけた。

亀卜（きぼく）―亀の甲羅を使う卜占（占い）の一種。甲羅に熱を加えて、生じたヒビの形状を見て占う。甲卜（こうぼく）とも言う。起源は古代中国より日本列島へ奈良時代ごろ伝来・普及したのではないかと考えられている。古代律令国家においては、国家の大事を占う方法の一つとして、亀卜が採用され、神祇官の下に置かれた下級神官である卜部（うらべ）が従事した。吉凶を占う事を職掌した組織は他に陰陽寮が挙げられたという。そして卜部は対馬・壱岐・伊豆の三国から選ばれた。

その中でも九州地方の対馬は、亀卜を齎《もたら》したとされる雷大臣命（中臣烏賊津使主《なかとみのいかつおみ》）を祀る雷神社が点在し、豆酘（つつ）の雷神社社伝に「神功皇后の外征を支えたイカツオミ（雷大臣）は、皇后の凱旋後に対馬に留まり、古代の占いの技術である亀卜を伝えた」とある。

ここで、祖父の言っていた「うちらの所は〝占い〟やってたから九州から来たのだろう」という点と繋がりつつあるように感じ、アキさんの集落に亀卜の痕跡がないか調べてもらった。すると、ご年配の親類より集落内で亀卜の話を聞いた事があるという情報を得ることができた。しかし、文献によれば甲羅を用いる亀卜の跡が発掘されている遺跡は国内に六箇所しかなくそのどれもが古墳時代後半~平安時代のものであり、集落からは遠く離れている。となると集落に卜部が存在していた可能性は極めて低い。宮廷卜部の成立は五世紀代辺りとされ、それが現在まで身を隠し何らかの理由で秘密裏にこの地で吉凶を占っていたなどと妄想したいが、その証拠もなくそんなのは考察とは言えない。

ただし、全ては記録に残るわけではない。

―筆者取材ノートより―

調査記録：亀卜に関する伝承・寺社・資料など

津嶋部《つしまべ》神社という興味深い神社を見つけた。創建の由緒は不明。対馬国を本拠地とした豪族である津島朝臣、津島直の一族が祖神を奉斎して創祀したと思われる。【祭神】津嶋女大神《つしまめのおおかみ》・菅原道真・素盞嗚尊《すさのおのみこと》。大阪に現存する神社である。ここに亀卜と関わり深い対馬の祖神を祀る神社が脈絡なく無関係な土地に突如現れる。当然何らかの経緯があり現在に至るのだろうが記録は失われ、誰も由緒を知らず九州から来たであろうそれは不自然にそこに存在している。まさに本稿のミイラのようである。そして祭神である津嶋女大神はこの神社にのみ登場する謎の女神であるが、本神社は祭神として対馬の祖霊を祀っているというならその別称であろう。対馬の複数の祖霊の中に天児屋命《あめのこやねのみこと》という神様が登場するが、これが亀卜と深い関わりを持つ。

対馬の祖霊と亀卜に関する資料に次のようなものがある。

『新撰亀相記』

卜部氏の氏文である。亀卜に関する起源や作法などが記され記紀にみられない独自の神話が語られている点から卜部氏の氏文であると言われている。その一節に次のようなものがある。

―亀誓―

「天按持神の女、天香池に住む〝亀津比女命《かめつひめのみこと》〟なり。今、〝天津詔戸命《あまつのりとのみこと》〟という。」

天児屋命は亀津比女命という女神であるというのだ。この後に亀の甲を用いて亀卜を行えと続きその作法を説くなど、亀津比女命は亀卜に関する亀の性質を持った神である事が窺える。

この亀卜の亀津比女命が、津嶋部神社の祭神・津嶋女大神ではないかと考える。『新撰亀相記』によると対馬の祖霊＝天児屋命＝亀津比女命＝津嶋女大神＝津嶋部神社の祭神。という構造が成り立つ。しかしそれを以って本神社の祭神が亀卜の神である確固たる論説と語るには不十分でありこれもまた可能性の一つであり仮説の域を出ない。

この部分に出てきた津嶋部神社の存在が、集落の占い＝亀卜という説を助長しうるものになるのではないかと考えた。祖父の言っていた「うちらの所は〝占い〟やってたから九州から来たのだろう」が亀卜であるとするなら、卜甲（亀卜に用いられた亀の甲羅）の出土記録のない地域である集落では、非公式に何らかの形で亀卜が普及したと考えられる。そのような記録に残らない亀卜に関するものの事例として津嶋部神社を挙げたのである。ここでその女神を祀っていたのならばもしかするとこの地でも亀卜が行われていたのかもしれない。そういう非公式に亀卜が行われていた場所が実は日本国内に幾つか存在し、アキさんの集落もその一つであったのかもしれない。津嶋部神社をフィールドワークした際に奇妙な話を伺ったので記しておく。

―筆者取材ノートより―
幼少期に見た謎の亀石／体験者：田所渚さん（仮名・30代）／津嶋部神社／19XX年の幼少期に体験／2020年2月10日15時18分より取材開始

ある少女の体験談である。

当時、お小遣いをもらっては近所の駄菓子屋へ直行するのが楽しみで、よく一人で出かけたのだそうだ。家から五分歩いた先に駄菓子屋があり、その経路に津嶋部神社という神社があった。近道としてこの境内をショートカットした。拝殿横の生垣に子供が通り抜けられるような隙間があって、いつもそこを通って駄菓子屋へ行く。お菓子を数点購入し、再び境内へ戻る。拝殿前に石が並べられた小さな土台のようなものがあり、その中に亀の形をした石碑のようなものがあった。甲羅の上にお菓子を広げ一人遊ぶのが幼き少女の楽しみであったという。

そんな彼女も小学生の頃には引っ越してその地を離れる。それから随分と時が経ち社会人となった現在。所用ついでに再訪する事となる。当時の面影は残すものの街の様子が随分と変化し、境内も綺麗になっていたそうだ。

一通りお参りを済ませて、境内を散策する。あの駄菓子屋へのショートカットルートはもうなくなっていた。あの時通った駄菓子屋も誰かの住宅に変わっていて、当時過ごした風景はもうここにはないのだと思うと少し寂しく思った。

拝殿前の石が並べられた土台はあったのだが、自分がお世話になった亀の形をした石碑は姿を消していた。

両親に確認したが、亀の石碑なんて元々なかったと言われたそうだ。その後この事について調べてみたが誰も亀の石碑を知らなかった。幾度となくこの石の甲羅の上でお菓子を食べたので記憶違いのはずはない。旧神主が亡くなられてからは神社庁から派遣された神主が交代で出入りしているらしくここの歴史を知る者を探す事ができなかった。亀の石碑を調べる中で、拝殿前の石群の下には神輿が埋まっているという興味深い情報を見つけたそうだが、それ以上は何も分からなかったのだという。

神社の境内に亀の石碑なるものがあったが、その事を誰も覚えていない。少女にだけ見えていたものだったのだろうか？　それとも単に、人知れず撤去され時を経て忘れられていったのだろうか？　真相を確かめる術はない。

亀石とミイラの話を考察／『新撰亀相記』／津嶋部神社／対馬の祖霊／亀卜
亀の石碑が実在していたのならば、驚くべき事である。対馬の女神の祖霊を祀る神社に亀の石碑があった。となるとやはり、対馬の卜部氏の氏文である『新撰亀相記』に登場する亀卜の神、亀津比女命が連想され、対馬の祖霊＝天児屋命＝亀津比女命＝津嶋女大神＝津嶋部神社の祭神。の構図がより信憑性を帯びる。本神社で亀卜の神が祀られていた可能性は捨てきれないものになるのではないかと思う。

やはり、このように何らかの不明な理由により亀卜に関する記録が残らないケースが実在し、アキさんの集落でも、この神社のような記録には現れない形で亀卜が普及していたのだと仮定するならば、彼女の祖父は一体何を知っていたのであろうか？

「……そうか、それは〝リュウキ〟だな。うちらの所は〝占い〟やってたから九州から来たのだろう。しかし、まぁ、昔は日本に〝リュウキ〟が居たけど、もうおらんなったからな」

祖父はこのような言葉を残しているが、〝占い〟を亀卜と仮説する事でアキさんが発見したミイラとの面白い繋がりが見えてきた。再びノートに戻る。

—筆者取材ノートより—

亀卜の作法／対馬／『新撰亀相記』

亀卜の流派は亀甲の出土した宮中・鹿島神宮・伊豆・弥彦神社・対馬にあるとされ、それぞれ秘伝とされた書物が現存しその中に祭事や卜部手法が記されている。宮中（『新撰亀相記』、『宮主秘事口伝』）・伊豆（『三宅記』、『八丈伝』など）・対馬（『対馬国卜部亀卜之次第』など）

幾つかの書物があるがその中で最初の手順については全てが一致する。

「亀甲は、入手の後、数ヶ月から数年の間天日で乾かし、臭気を除去する。その上で、斧などにより平滑な素材に仕上げ、そして利用しやすい大きさに截断する」

（略）

最初の工程として亀をミイラ化させるのである。もしかするとアキさん達が見たものは、亀卜に使われる為に乾燥させられたミイラだったのではなかろうか？　祖父はそう考えて〝占い〟という言葉を用いたのではないのか？

（略）

―『対馬亀卜伝或伝』より―

「陸に棲む『下腹の黄なる飴色の亀』を利用する」

亀卜の素材について、このような記述を発見した。研究者はこの亀について、クサガメではないかと想定しているが、もしも、これがそうではなく、アキさんの見たミイラそのものだったのならどうであろうか。

そして、祖父曰く、それは〝龍亀〟だというのである。亀卜に関して〝龍亀〟の記述は確認できなかったが、これまでの仮説をもとに祖父の話を繋げると次のようになる。

アキさん達が見た全長六十センチの謎のミイラは、集落で行われている亀卜に用いる素材であり、九州より何らかの目的で運ばれてきた。そしてこれは、『対馬亀卜伝或伝』などにみる陸亀を利用した稀なケースに用いられ、本件では龍亀という古代中国の瑞獣を使う予定であったと想定される。龍亀は古代中国より持ち込まれたと言われているが、祖父によると古の日本にも生息していたそうである。中国で霊亀は千年以上生きた亀が霊力を持ち未来吉凶を予知したとされる。そんな霊力のある龍亀を素材に用いるとなると余程の凶事を占う予定だったのであろうか。亀卜も中国より伝来・普及したと考えられる事から、伝来以前は絶滅危惧種で当時は実在していた、それも貴重で霊力の高い龍亀を使い占いをしていたのではないかとも想像できる。日本に伝来する際の秘伝書に龍亀とあったが、強力な素材を扱う秘技は封じられ『対馬亀卜伝或伝』などにみる〝陸亀〟と隠語表記されたというふうにも考えられる。

あまりにも飛躍した出鱈目《でたらめ》なものとなっているがこれまでのものを繋げるとこうである。仮説と呼ぶには突拍子もないが奇妙な一致があるのは確かである。また、一つ気がかりなのが祖父は言葉以上の何かを知っていたのではないかという事だ。仮にこの仮説通りの事実があったとするならば、この集落で亀卜が行われ龍亀という架空とされた生き物が実在した事になる。そしてそのミイラが路上にあったのだ。これ程の事になると個人単位の話ではなく何かしらの団体が関与していると考えるのが自然ではあるが全ては憶測の域を出ず、彼が何を知り得たのか既に亡くなられているご本人に確認する術はない。

―筆者取材ノートより―

ネグリジェ／体験者：アキさん（仮名）30代／〇〇地方△集落の屋敷にて／19XX年幼少期の春頃に体験／2019年11月20日21時24分より取材開始

まだ園児だった頃、彼女はトイレに行きたくなって夜中目が覚めた。

両親を起こさないように静かにベッドから降り、寝室を後にした。

廊下の窓からは僅かな月明かりが、室内を照らしていた。

夜の闇が怖くて、廊下の明かりをつけた。

最初は眩しかったが、いつもの廊下に安堵して歩を進める。

トイレの前へ到着した。

ドアには使用の有無を確認する小窓があり、電気をつけるとトイレの中がオレンジ色に光るのが見えた。

あまり音を立てないようにゆっくりとドアノブを回し扉を開けた。その時だった。

目の前の便座に自分が座っていたのであった。

わ!!

驚いてすぐさま扉を閉めた。あまりの事に恐怖と不気味さで震えていたが尿意を抑えきれず、再度扉を開くとそこには誰も居なかった。

「あの時は本当にびっくりしたんですが、どうやら向こうもびっくりしたようで、便座に座ってとっても驚いた表情をしていたんですよ。

それとあそこで見たもう一人の自分が着ていた服が変だったんですよ。私は寒がりであの時も春でしたが厚手のパジャマを着てトイレへ行っていたのを覚えています。ただ、もう一人の自分は薄手のネグリジェを着ていたんですよ。それには見覚えがありまして、その時より少し前に母の趣味でプレゼントされたものだったんです。一度袖を通してみたのですがスースーして慣れなかったのと寒くってすぐに着るのをやめて何処かへやってしまったものだったんですよ。あの嫌だったネグリジェをもう一人の私は着ていました。

これは私の勝手な推測なのですが、あのネグリジェを選んでいた世界線の私と今の世界線の私が何かのバグみたいな現象が起きて一瞬だけ出会ってしまったのでしょうか？笑」

そう言ってアキさんは話を締めた。

―筆者取材ノートより―

白い着物の女／体験者：アキさんの母70代／〇〇地方△集落／19XX年8月に体験／2019年11月20日22時41分より取材開始

アキさんの母は親戚の家へ遊びに行っている彼女を迎えに行くべく、アキさんの兄と一緒に集落を歩いていた。

夕飯の準備に手間取り予定より遅い迎えとなった。

夏の日が傾きヒグラシが夜の訪れを告げ、夕陽が田んぼの畦道を朱に染めていた。

その先に公道がありそこを真っ直ぐ行けば目的地であるが、脇道を進むと捨て場へ繋がる野道がありそこから田んぼを突っ切る事で近道ができる。捨て場とは、由来不明の谷の事で誰が付けたか分からないが集落の誰もがその谷を捨て場と呼び、戦時中はここに色んなものを捨てたのだと祖父に聞かされたそうだ。

遅くなった迎えに若干の焦りを覚えたアキさんの母は近道を選び、捨て場へと繋がる野道へと歩いた。

時が経つにつれ日が傾き、夕陽がより一層と景色を朱色へ染め上げていった。

坂道を上った先は三叉路となっておりその左側を進めば近道のルートで、右側は捨て場へと向かう。

彼女らは左側へ進もうと、三叉路の中央で方向転換をした時であった。最初は、日が暮れたのかと思った。曲がった瞬間、辺りの景色が朱色から薄いピンク色に変わったのだという。

明らかに異様な見たこともない空の色だった。

日が暮れているというよりは、日中のような明るさがあり、すぐにおかしな事が起こっていると分かった。地面や周囲の植物はいつもの色彩があり、自分の眼は正常に動いているようだった。ただ、世界を覆う空が薄いピンク色をしていて、そこから放たれている光によって様々なものが薄いピンク色に染められていた。

兄の方も同じものが見えているらしく顔が強張り、とても不安そうな表情を浮かべていた。

「大丈夫よ。何が起こっているのか分からないけど一緒に帰ろうね」

と自分に言い聞かせるように言った。すると彼は無言で頷いてくれた。

とても動揺していたが、娘の事が心配になり先を急いだ。

しかし、いくら進めどその空は元のものには戻らなかった。

暫く歩くと、野道の先に人が一人立っていた。

こちらに背を向け、白い綺麗な柄の着物を着た女性が居た。集落では見かけない人だった。彼女は歩を進めたが、近づくにつれ何か嫌な予感がして本能的に足を止めたのだという。

すると、背を向けていた白い着物の女性は上半身だけを動かして、こちらへ振り向いてきた。

見たことのない顔。知らない妙齢の女性であった。

目が合うと、その女性は静かに微笑んだ。

背景には薄ピンク色の空が広がり、中央に白い着物の女性が立っている。その映像がこの世のものとは思えず立ち尽くしていると、兄が手を引いてくれた。「こっちだよ」。そう言って来た道を引き返して元の三叉路へと戻り、振り返った。

するとその次の瞬間にはいつもの夕陽が射す道に戻っていたのだという。二人は口を噤み道を引き返した。とにかくこの場を離れないといけない気がして、近道は使わずに公道を回ってアキさんを迎えに行ったのだという。


アキさんがこの事を知ったのは、それから随分と時が経った後である。

「母にこの話を聞いてから捨て場の道を使うのが怖くなりました。母はあの日以来その道を使っていないそうです。

それと兄に、なぜあの時『こっちだよ』って言ったのか聞いたのですが『前も来た事があるから』と答えられた時はびっくりしました。彼が言うには、その時は薄ピンクの世界へは二回目の訪問だったそうで、一回目は下校時に同じ場所を通った時だったようです。その時もどうやって戻れるのか分からなくて泣きそうになっていた時にあの白い着物の女が居て、帰る方向を指差してくれたんだと話してくれました。
それ以降は誰かが薄ピンク色の世界に迷い込んだという話は聞いたことありません」

これは全てアキさんの集落で起きた話である。なぜ彼女の周囲で同時期にこのような不可解な現象が多発したのだろうか。仮にこの全てが何らかの関係で繋がり影響し合っているのだとしたら……？

取材ノートの「ネグリジェ」「白い着物の女」では異界を観測し、後者では捨て場という場所が現れる。様々なものを捨てていた由来不明の谷。地理的にミイラを発見した場所からそう遠くはない。龍亀が仮説通りであるなら、このような不自然な存在は異界から現れたのではなかろうか。同じように亀卜を扱っていたと考えられる津嶋部神社の亀石はこれとは逆に異界へと消え去り、占い亀卜により異界との通信だけでなく、転送が果たされた事でこういった現象が起きたのだろうか。

また、執筆後にアキさんから連絡があり、先祖に占いや霊視に携わっていた人物がいる事が明らかになり慌てて加筆を行っている。だとするとその人物は亀卜の技術を会得し祖父の代まではその事が知らされており、故に彼はあのような発言をしたのだと考えると筋が通る。ならば、彼女の母と兄が見た白い着物の女と何か関係があるのだろうか。

ピースの欠けた物語を隣り合わせに置いた所で、それらが互いを補完し合う事はない。あるとするならば、それはまやかしであり、これが真相であるという確固たる根拠を述べる事はできない。それが我々の理を逸脱した怪異を扱う実話怪談である以上、その真実を探求する事はほとんど不可能なのである。ただ、物語に新たな観測点を示し暗闇の先を照らす事しかできないのである。そして新たに照らし出された闇と闇が因果を結びより深く大きな闇となり我々を見ている。ただそれだけの事なのかもしれない。結局の所、我々がいくら調査をしても怪異を解き明かす事は叶わず、ただ観測する事しかできないのだ。しかし、時に繋がるはずのない闇と闇が因果を結び、そのまやかしが何かを語りかけてくるように感じるのだ。

このミイラを取り巻く集落についての取材は現在も継続中である。

引用・参考文献
島田尚幸 二〇〇六「動物学からみた「亀」卜考」東アジア恠異学会(編)『亀卜』臨川書店
辻尾榮市 二〇一〇「対馬国卜部亀卜之次第」攷 本文編・史料編 地域歴史民俗考古研究所
國分篤志 二〇一五「史料・神事にみる卜占の手法:考古資料との比較を中心に」千葉大学大学院人文社会科学研究科
浅岡悦子 二〇一七「古代卜部氏の研究:『新撰亀相記』からみる祭祀氏族の系譜」名古屋市立大学大学院人間文化研究所

解説

妖怪の誕生

田中俊行

動物の不気味さはどこからくるのか。

蛇は邪（ジャ）、猫は病（ビョウ）、狸は離（リ）。

そうやって動物に同じ音の不吉な字を当てることもある。言霊を大事にする日本で生まれた普通という考え方だ。

妖怪か、UMAか、動物のようで動物でない、不気味ななにかをみたという体験談も多い。UMAは目撃談から生まれるが、妖怪は現象から始まる。たとえば、山を歩いていると暖かい風がぶわっと顔に当たった。それに名前がつけば妖怪になる、という具合に。

鹿児島の与論島には、イシャトウという妖怪がいる。沖縄のキジムナーや奄美のケンムンに似ているが、それよりもっと古いらしい。

夜、砂浜に、どこからかやってくる。片足のない一本足で近づいてきて、「魚とれますか?」などと聞いてくる。受け答えによっては襲われることもあるという。

島の居酒屋でどこにでるかと尋ねると、「私はみたことないけど、あの浜にでる」などと返ってくる。別の店では「知り合いの敷地内のことだから教えられない」と警戒された。誰もみたことはないようだが、島民はみなその存在を信じている。これもやはり、現象っぽい。

おわりに

本書に収録した「なにかの話」は、いわば「怪談の種」である。詳細不明な点が多く公に話す機会も少ない、怪談の舞台からこぼれ落ちそうになっていた話ばかりだ。

怪談を蒐集していると、こんな話を聞かせてもらうことがある。

「でかいナメクジをみた」

それ以上でも以下でもない、単なる目撃談である。

僕は、あ、面白いなと思う。だからなんやねんと切り捨てることができない。

どれほど荒唐無稽な話であっても、確かに誰かが体験した実話なのである。僕のスタンスはまず相手を全面的に信じるところから始まっている。

ある霊能者によれば、僕の背中にはでかい毛虫がいるらしい。

「だけどあなたには力がないから、なにも受け取れないし、なにも払えない。残念なひとです。その代わり、だからこそこっちの世界にいられるんですよ」

僕には毛虫はみえないが、霊能者がいうのならそうなのだろう。みえないなにかを信じることが大事だと思う。

「こんな話、たいして怖くもないし、話したところで面白くもないから……」と、不思議な体験を自ら封印している人も多い。それでも取材を続けていると、「私もみたことがある」と似たような体験を話してくれる人に出くわすものだ。取り留めのない話も一つひとつ丁寧に集めていけば、いつか怪談の種は芽を出すだろう。それが世間に共有され認知されることで、新しい妖怪が生まれる。だからこそ、取り留めのないままの話を発表する場が必要だった。

しっかり調べてから出せよという声もあるかもしれないが、まあええやん。怪談はある種ジャンクフード的なものだと思うし、いろんな楽しみ方があっていいと思っている。

怪談の種を抱える怪談師は多い。本書の執筆陣でいえば、チビル松村さんがその代表格だ。彼が語りだすと日常が歪んでいく感覚に陥ることがある。怪談師の中でも稀有な存在だろう。

木根さんは作品の中に僕の『あべこべ』を出してくれて、嬉しかった。彼は独自の世界観を構築しつつあると思う。表面からは感じられない怪談への貪欲さがある。木根さんしか出せない世界観をこれからみられるのが楽しみだ。

俳優としても活動するウエダさんは語りだけでなく、書き手としても表現力豊か。愛嬌があってどこか憎めない存在だ。しかし怪談のスイッチが一度入ると豹変したように人が変わる。そこに怖さがある。

富田さんは仕事で事故物件を回っているだけに、現場での取材力の高さには脱帽する。マルチな才能がある。なんでも器用にこなす。また企画力があり、チャレンジ精神がある。若手の怪談師たちを引っぱっていく存在の一人ではないか。

ワダさんの話は本当にぶっとんでる。怪談界一ぶっとんでるのではないか。怪談、不思議な出来事をこのメンバーの中でも一番楽しんでるようにみえる。損得なしに怪談を楽しんでる。そこに彼の語る話の狂気がある。

呪物を買い付けにシンガポールにいるとき、小泉さんから電話がかかってきた。本書のための原稿が書き上がったとの報告で、とても喜んでいたのを覚えている。彼は若手、新人ではなく僕よりも断然古くから怪談を集めている。小泉さんの怪談はとにかく怖く面白い。怪談の四次元ポケットを持っているかのように「こんなお話ありますか」と聞くと必ず出てくる。怪談ジャンキーも納得する存在だろう。

昨今オカルトや怪談に興味を持つ人が増え、その世界が広がりをみせるなかで、いつか「なにかの話」が怪談の一つのジャンルになれば幸いだ。

そこからさらに怪談の世界が広がっていくことを願っている。

二〇二三年五月、喫茶つかはらにて
田中俊行

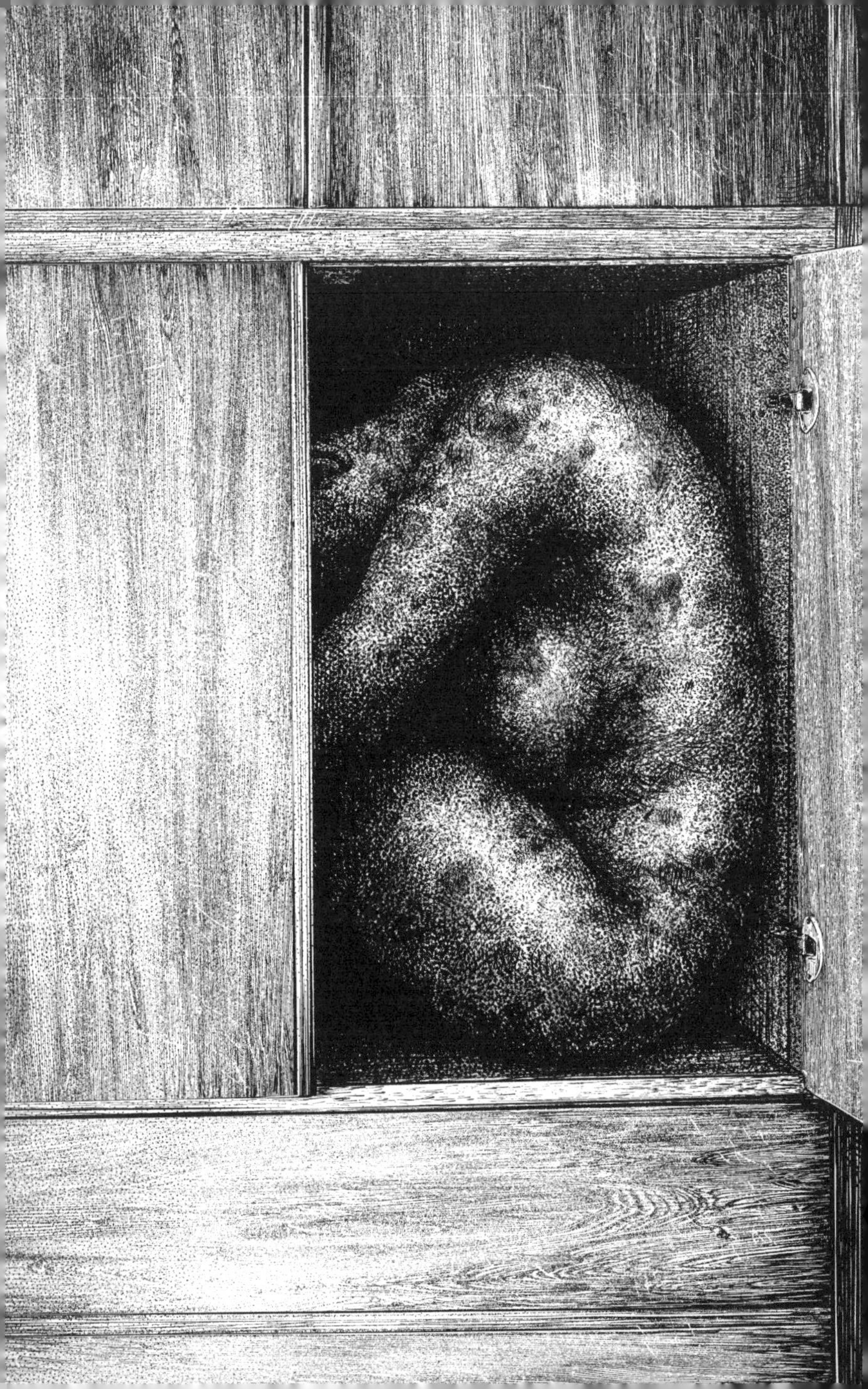

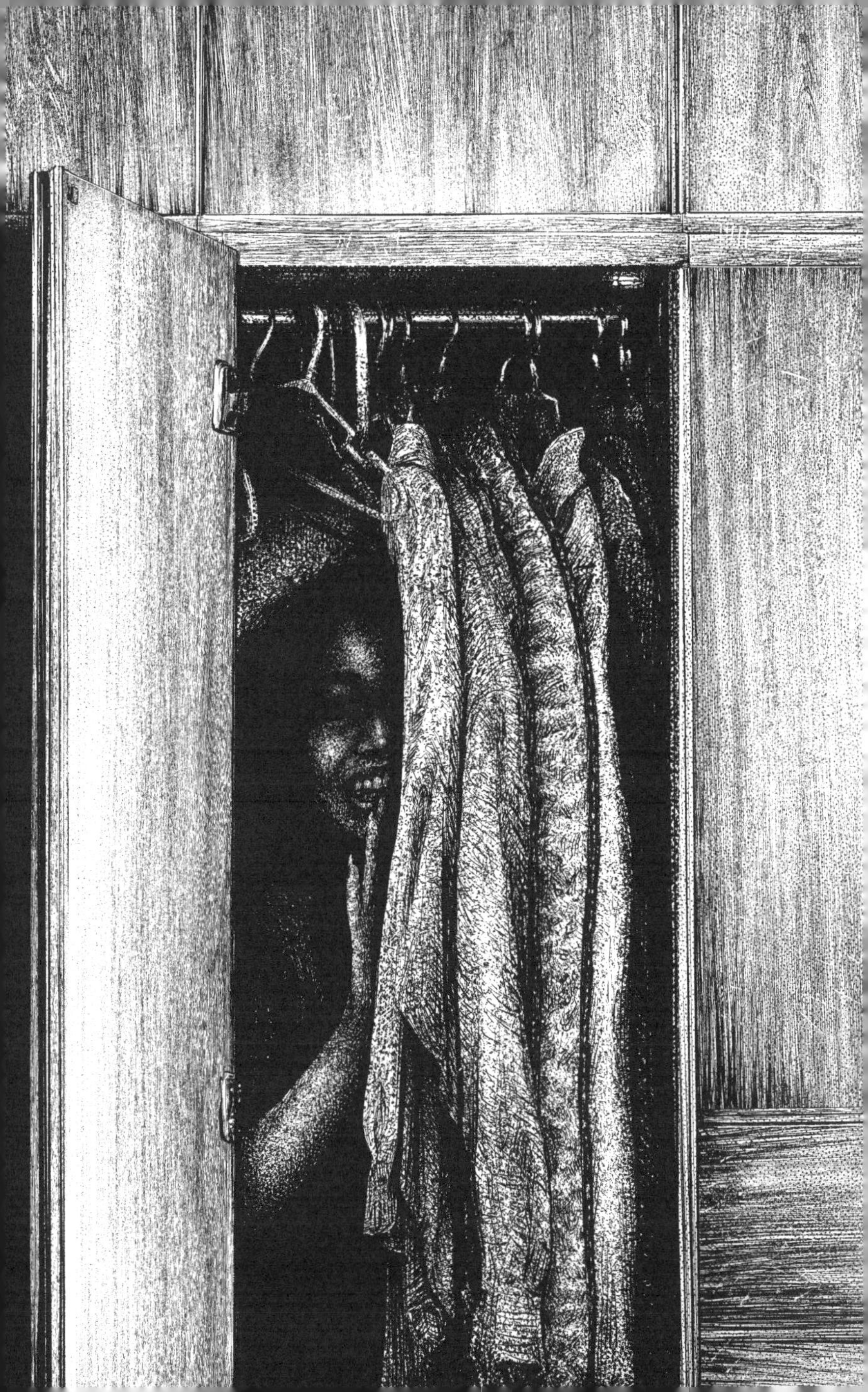

なにか、いる

発行日　2023年6月26日　初版第1刷発行

監修　田中俊行

著者　木根緋郷　田中俊行　小泉怪奇　ウエダコウジ
富田安洋　チビル松村　ワダ（掲載順）　©2023

編集発行人　早川和樹

編集協力　安齋裕子

装幀　伊藤信久

装画　金風呂タロウ

写真　池田宏

発行・発売　株式会社大洋図書
〒101-0065 東京都千代田区西神田3-3-9 大洋ビル
電話：03-3263-2424（代表）

印刷・製本所　中央精版印刷株式会社

ISBN978-4-8130-2296-1 C0095　Printed in Japan